종이로 만드는 비행기의 역사

CONTENTS

머리말	1
1903 라이트 형제 플라이어	3
1909 블레리오 XI	5
1913 드펠듀상 모노코크	7
1914 시코르스키 일리야 무로멧츠	9
1916 소프위드 카멜	11
1917 포커 DR 1 삼엽기	13
1919 빅커스 비미 폭격기	15
1923 커티스 제니	17
1926 포드 틴구스	19
1927 세인트 루이스의 정신	21
1927 록히드 베가	23
1928 드 하빌랜드 집시모스	25
1931 미키 MC 72	27
1932 시코르스키 S-40 쾌속 비행정	29
1932 그랜빌 슈퍼 스포츠스터	31
1934 록히드 일렉트라	33
1935 휴즈 H-1 경주용 비행기	35
1935 더글러스 DC-3	37
1937 메서슈미트 BF 109	39
1938 보잉 B-17	41
1938 슈퍼마린 스핏파이어	43
1940 보잉 307 스트라톨라이너	45
1941 글로스터 E28	47
1942 애브로 랭커스터	49
1942 노스 아메리칸 P-51 무스탕	51
1943 그루먼 헬캣	53
1943 록히드 콘스텔레이션	55
1944 메서슈미트 ME262 슈발베	57
1947 벨 X-1	59
1947 휴즈 H-4 허큘리스	61
1949 미코얀-구레비치 미그-15	63
1949 테일러 비행자동차	65
1952 드 하빌랜드 코멧	67
1952 보잉 B-52 폭격기	69
1955 록히드 U-2	71
1956 애브로 벌컨 폭격기	73
1959 노스 아메리칸 X-15	75
1963 리어제트기	77
1966 록히드 SR-71 블랙버드	79
1969 해리어 수직 이착륙 제트기	81
1969 보잉 747	83
1969 콩코드	85
1970 그루먼 F-14 톰캣 전투기	87
1983 록히드 F-117 나이트호크	89
1986 루탄 보이저	91
1995 에어버스 벨루가	93
1997 노스롭 그루먼 B-2 스피릿	95
2005 에어버스 380	97
2006 록히드 마틴 F-35	99
2009 보잉 787 드림라이너	101
비행은 인류의 꿈	103
모델 색인	114
제조사 색인	115

종이로 만드는 비행기의 역사

2판 1쇄 발행 | 2021년 9월 15일

지은이 R. G. 그랜트
페이퍼 엔지니어 브라이언 바틀, 닐 카펠
옮긴이 마도경
펴낸이 김기옥

실용본부장 박재성
편집 실용1팀 박인애
영업 김선주
커뮤니케이션 플래너 서지운

펴낸곳 한스미디어(한즈미디어(주))
주소 121-839 서울시 마포구 양화로 11길 13(서교동, 강원빌딩 5층)
전화 02-707-0337 | 팩스 02-707-0198 | 홈페이지 www.hansmedia.com
출판신고번호 제 313-2003-227호 | 신고일자 2003년 6월 25일

ISBN 979-11-6007-695-0 13690

책값은 뒤표지에 있습니다.
잘못 만들어진 책은 구입하신 서점에서 교환해 드립니다.

옮긴이 **마도경**

경희대학교 사학과를 졸업했다. 시사영어사, 예음, 한겨레출판사 등에서 편집장을 역임했으며, 현재 번역에이전시 엔터스코리아에서 출판 기획 및 전문번역가로 활동 중이다.
주요 역서로는 호머 헐버트의 『한국사 드라마가 되다』(공역), 존 로크의 『시민정부론』, 성 어거스틴의 『고백록』, 조지 오웰의 『동물농장』, 로버트 루이스 스티븐슨의 『지킬 박사와 하이드 씨』, 마크 트웨인의 『톰 소여의 모험』, 보리스 파스테르나크의 『닥터 지바고』, 안톤 체호프의 『체호프 단편선』, 해리엇 비처 스토의 『엉클 톰스 캐빈』 등이 있다.

모형 만드는 방법

기본적인 기술

103쪽부터 끝까지 기종별로 자세히 설명해놓은 설명서와 사진을 참조하면서 비행기 모형을 조립한다.
모형을 만들 때 자주 쓰는 두 개의 기본적인 기술을 여기에 그림과 함께 자세하게 설명했다.

모양 만들기
조립을 시작하기 전에, 주름선을 따라 접어 비행기의 동체를 만든다. 이때 완성된 모델의 사진을 일종의 가이드로 활용한다.

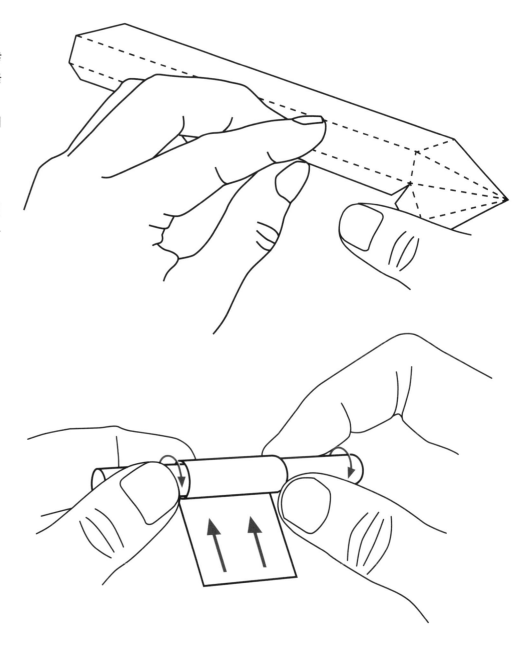

곡면 만들기
둥그런 부품이 필요한 경우에는 둥근 연필을 이용해서 곡면을 만든다. 종이로 된 부품을 조심스럽게 연필에 만다. 연필을 끼워 돌려말 때 말린 종이가 풀리지 않게 하고, 잠시 후 가만히 연필을 빼낸다.

머리말

지금으로부터 백 년쯤 전에 몇 명의 용감한 사람들이 비행기를 만들었다. 비록 기차보다 느렸지만, 그것들이 나무와 지붕 위로 날아가는 모습은 그야말로 기적이었다. 요즘에는 수십 억 편에 달하는 비행이 매년 이루어지고 있고, 보통 사람들도 비행기 초기의 선구자들이 꿈도 꾸지 못했던 속도로 대양과 산맥 위를 날아 여행을 다니고 있다. 초창기의 나무와 천으로 만들어진, 느리고 어설픈 비행 기계에서 현대의 제트여객기와 초음속 전투기로 진화하기까지, 비행기의 역사는 실로 기술적 혁신과 발명으로 점철된 놀라운 이야기이다.

이 책은 라이트 형제가 만든 '플라이어'부터 21세기의 첨단 기술이 집약되어 있는 보잉의 드림라이너와 F-35 전투기에 이르기까지, 세계에서 가장 뛰어난 비행기들의 개발 과정을 되짚어봄으로써 인간의 비행사를 정리해놓고 있다. 이 중 몇몇 비행기들은 "~ 면에서 최초", 즉 역사적 사건의 주인공이란 이유로 선정되었다. 예를 들면 1909년 영국 해협을 비

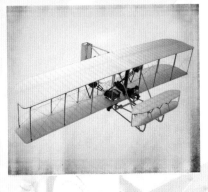

행기로 최초 횡단한 루이 블레리오(Louis Blériot)의 단엽기, 1927년 찰스 린드버그가 단독 비행으로 대서양 횡단에 처음 성공했을 때 몰았던 세인트 루이스의 정신 호, 1947년 시험 조종사인 척 예거가 음속 장벽을 처음 돌파할 때 몰았던 벨 X-1 등이 그것이다. 또 역사의 특정 시기에 하늘을 날았던 종류의 대표 주자격으로 선정된 것들도 있다. 따라서 소프위드 카멜 전투기와 포커 삼엽기는 제1차 세계대전에서 활약한 전투기를 대표하고, 슈퍼마린 스핏파이어, 메서슈미트 BF 109, 그리고 노스 아메리칸 무스탕은 제2차 세계대전의 전투기를 대표한다고 보면 될 것이다. 또 더글러스 DC-3과 보잉 747 같은 모델들은 항공기 설계에 있어서 역사에 남는 명작들이다. 아울러 원통처럼 생긴 그랜빌

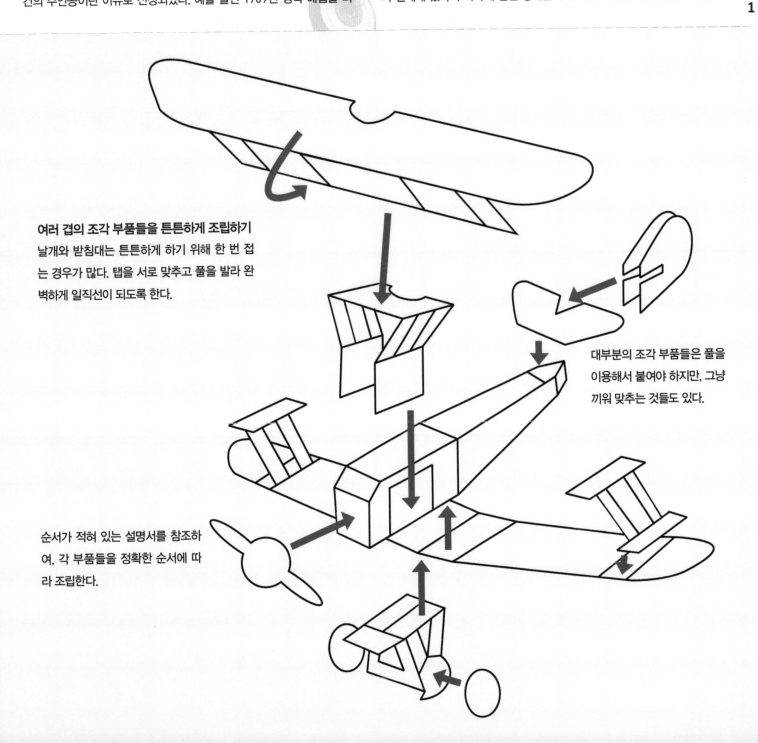

여러 겹의 조각 부품들을 튼튼하게 조립하기
날개와 받침대는 튼튼하게 하기 위해 한 번 접는 경우가 많다. 탭을 서로 맞추고 풀을 발라 완벽하게 일직선이 되도록 한다.

대부분의 조각 부품들은 풀을 이용해서 붙여야 하지만, 그냥 끼워 맞추는 것들도 있다.

순서가 적혀 있는 설명서를 참조하여, 각 부품들을 정확한 순서에 따라 조립한다.

슈퍼 스포트스터, 몰턴 테일러의 하이브리드형 비행자동차, 동체가 볼록 튀어나온 에어버스 벨루가 등은 희한하지만 아주 멋진 디자인의 명작들로 꼽힌다. 그러나 대체적으로, 1913년 당시 날개 달린 물체로서는 지구에서 가장 빨랐던 드펠듀상 모노코크부터 SR-71 블랙버드 정찰기와 F-117 스텔스 전투기처럼 최첨단 기술의 경이로운 집합체에 이르기까지, 주로 당대에 항공 기술을 최고 한계까지 끌어올렸던 비행기들을 선정하였다.

우리는 이 책에 등장한 비행기마다 개괄적인 소개와 더불어 그 항공기의 기술적 의미와 역사상의 중요한 측면에 대해 자세하고, 집중적인 설명을 곁들였다. 이 같은 설명 뒤에는 중요한 통계 자료를 박스로 처리하여 실었다. 이 자료를 참고하면 비행기의 속도를 알 수 있고, 날개폭과 기체 길이를 통해 비행기의 크기를 가늠해볼 수 있고, 비행기마다 다른 탑승 승무원의 숫자 등을 통해 여러 비행기들을 비교해볼 수 있다. 장기간에 걸쳐 다양한 변종 모델이 지속적으로 나왔던 일부 기종들의 경우,

일률적인 통계 자료를 제시하기가 힘들다. 하지만 이 책에 수록된 통계 자료는 적어도 그 기종의 전 모델에 공통적으로 적용되는 크기와 성능을 나타내고 있다.

이 책의 뒷부분에는 이 책에 수록된 50개의 대표적 비행기들이 증명하고 있는 비행기의 발전 과정이 개괄적으로 설명되어 있다.

그러나 무엇보다 이 비행기의 역사책이 독특한 것은 실제로 비행기 모형을 만들어볼 수 있는 기회가 제공되기 때문일 것이다. 독자들은 책 뒤에 실린 설명서를 참조하여 50종의 비행기를 판지로 모두 만들어볼 수 있다. 이 부분은 1세기가 넘는 항공기의 역사를 빛낸, 매우 다양한 항공기 디자인의 멋을 독자들이 직접 체험해볼 수 있는 기회이기도 하다. 이 모형들을 잘 만들어보면 재미도 있고 전시도 할 수 있는, 독특한 비행기 컬렉션을 꾸밀 수도 있을 것이다. 이는 날개 달린 비행 물체의 역사를 기록한, 이 수집가용 안내서를 완벽하게 만드는 작업이기도 하다.

비행기 전시하기

비행기 모형들은 대체로 이착륙 장치가 내려온 상태로 조립하게 되어 있다. 모형의 조립이 끝나면 단독 또는 여러 개의 바퀴나 플로트(비행정의 착륙장치-옮긴이)를 땅에 딛고 서서 위용을 뽐낼 것이다.

비행기 모형들 중에는 조립을 쉽게 하기 위해 특별히 고안된 받침대가 함께 제공된 것들도 있고, 마치 비행 중인 것처럼 이착륙 장치를 올린 모습으로 조립되는 것들도 있다. 모형들을 나란히 줄지어 세워놓은 형태로 전시할 수도 있고, 선반이나 천장에 줄을 매달아 허공에 전시할 수도 있다.

뾰족한 바늘을 이용하여 실이나 노끈 같은 것을 비행기 밑에서부터 동체와 날개의 정중앙을 뚫어 꿴다. 비행기 밑에서 매듭을 지어 묶고, 위의 끈은 압정 같은 것으로 고정시킨다.

1903 라이트 형제 플라이어
Wright Flyer

1903년 12월 17일, 오하이오 주 데이턴에서 자전거포를 운영하던 윌버 라이트와 오빌 라이트 형제는 공기보다 무겁고, 동력으로 움직이는 비행 물체를 타고 하늘을 날아간 최초의 사람이 되었다. 이 형제가 실시한 4차례의 시험 비행 중 가장 오래 공중에 체류한 것은 노스캐롤라이나 주의 해변에서 실시한 시험 비행으로, 이때 그들의 비행은 59초 동안 지속되었다. 비행 시간이 길지는 않았지만 그것만으로도 충분했다. 그들은 '인간이 어떻게 하늘을 날 수 있을까'라는 어려운 과제를 해결했기 때문이다.

세계 최초로 비행기를 제작하고 하늘을 난 라이트 형제. 왼쪽이 오빌, 오른쪽이 윌버 라이트이다.

3

1903 라이트 형제 플라이어

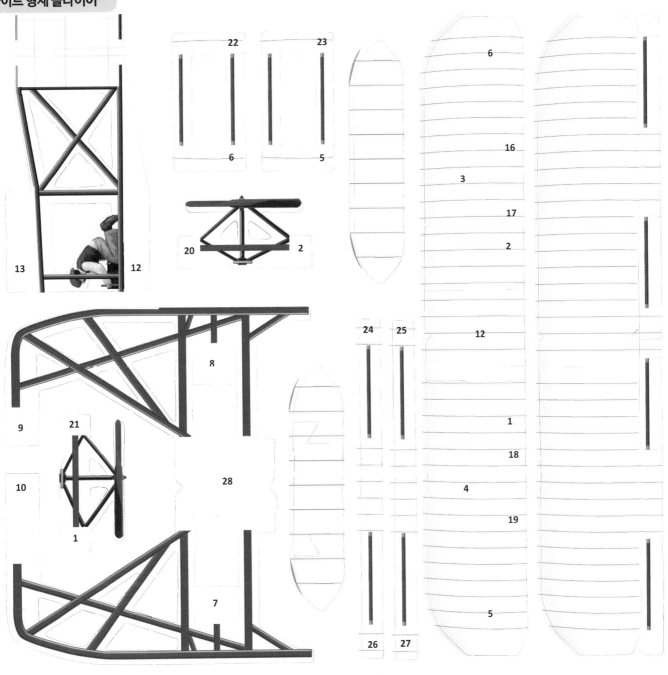

특징

- 최고 속도: 시속 48킬로미터
- 날개폭: 12.3미터
- 기체 길이: 6.4미터
- 승무원 수: 1명

라이트 형제 플라이어

라이트 형제는 자기네 집의 작업실에서 플라이어를 만들었다. 그들은 엔진, 프로펠러를 비롯하여 비행기에 들어가는 모든 장치들을 발명해야 했는데, 그중 프로펠러는 특이하게 비행기의 뒤편, 즉 날개 뒤에 위치했다. 조종사는 엔진 옆의, 요람처럼 생긴 조종석에 납작 엎드린 채 비행기를 몰았다.

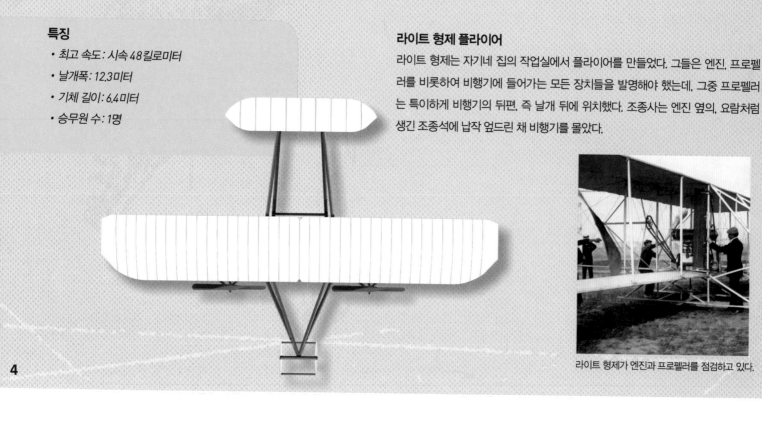

라이트 형제가 엔진과 프로펠러를 점검하고 있다.

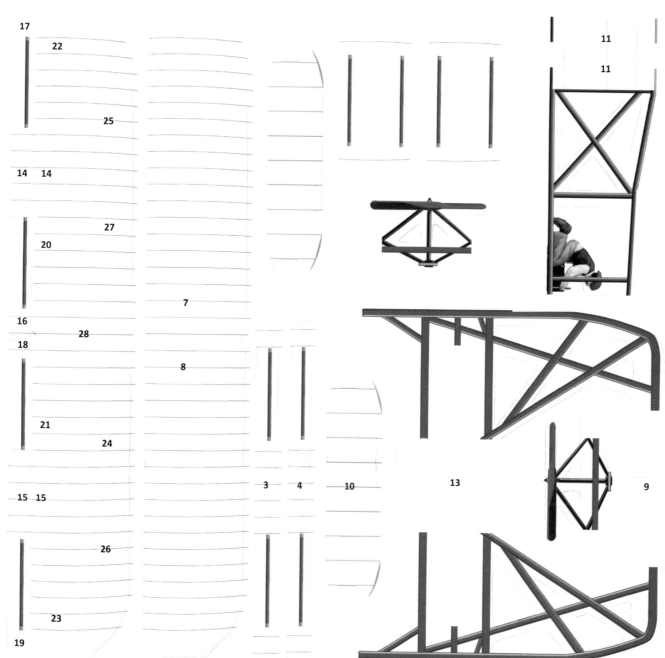

1909 블레리오 XI Blériot XI

루이 블레리오(Louis Blériot)는 프랑스에서 비행기로 영불해협을 건너 잉글랜드로 날아간 최초의 사람이다. 오랫동안 비행이라는 난제에 집착했던 블레리오는 최초의 효과적인 단엽기(날개가 하나인 비행기)를 설계했고, 자신이 직접 그것을 몰았다. 이 과정에서 그는 숱한 추락 사고를 겪었고, 파산 직전까지 가기도 했다. 1909년 7월 25일, 그는 블레리오 XI를 몰고 36분 동안 비행하여 영불해협을 건넘으로써 부와 명예를 거머쥐게 되었다.

블레리오는 아주 가벼워서 오토바이 엔진의 동력에만 의존하여 하늘을 날았다.

5

1909 블레리오 XI

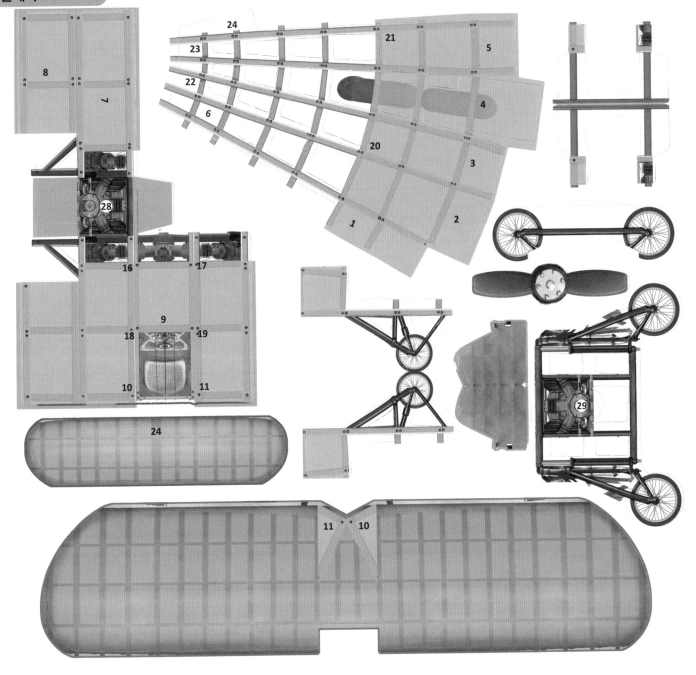

특징

- 최고 속도: 시속 58킬로미터
- 날개폭: 7.8미터
- 길이: 8미터
- 승무원 수: 1명

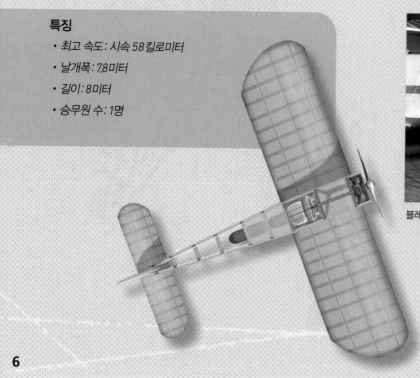

블레리오 XI는 와이어로 고정된 목재 골격으로 이루어져 있다.

블레리오 XI

블레리오 XI는 놀랄 만큼 조잡했다. 머리 부분은 단순히 나무로 만든 버팀대를 두꺼운 천으로 덮어놓은 정도에 불과했다. 조종사는 기체에 붙어 있는 평범한 의자에 앉게 되어 있어서 바람에 그대로 노출되었다. 게다가 조종사가 기체에서 떨어지지 않게 보호해주는 안전벨트나 끈 같은 것도 없었다.

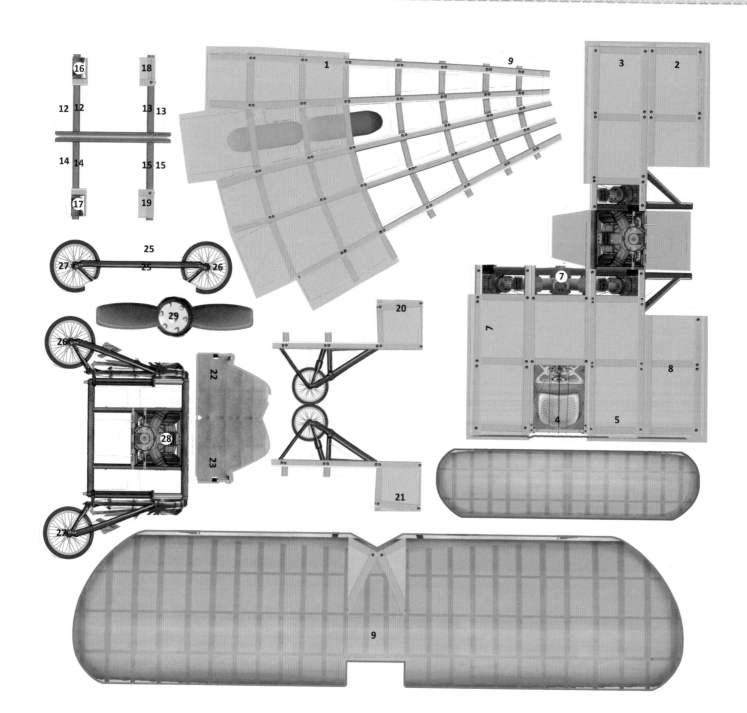

1913년 무렵에 이르자, 비행은 선풍적 인기를 끄는 스포츠로 발전했고, 많은 저돌적인 조종사들이 목숨을 걸고 각종 비행 경주 대회에서 비행 기록을 경신하기 위해 애를 썼다. 드펠듀상 모노코크는 순전히 속도를 높이기 위해 설계된 비행기였는데, 그 해 열린 유명한 고든 베넷 비행기 경주 대회에서 우승해, 세계에서 가장 빠른 비행기임을 입증했다.

유선형으로 설계된 드펠듀상 모노코크는 경주 대회를 겨냥하여 제작된 비행기 중 하나이다.

1913 드펠듀상 모노코크

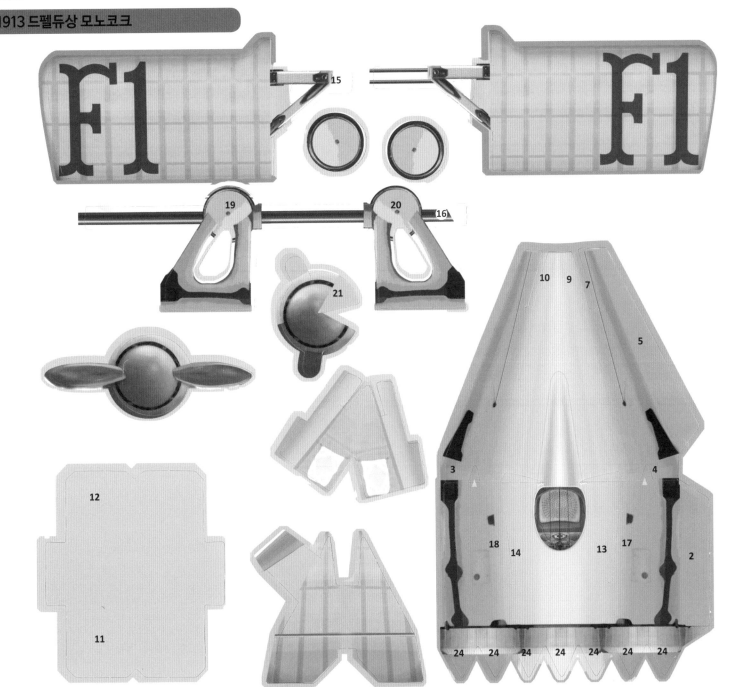

특징

- 최고 속도: 시속 204킬로미터
- 날개폭: 6.6미터
- 기체 길이: 6.1미터
- 승무원 수: 1명

드펠듀상 모노코크

드펠듀상 비행기는 프로펠러와 함께 회전하는 회전식 엔진의 동력으로 하늘을 날았다. 지상에 있는 승무원이 손으로 프로펠러를 돌려 엔진의 시동을 걸었고, 프로펠러 허브에는 둥근 덮개를 덮어 기체를 유선형으로 유지했다.

드펠듀상 기를 수상 비행기로 개조한 모습

8

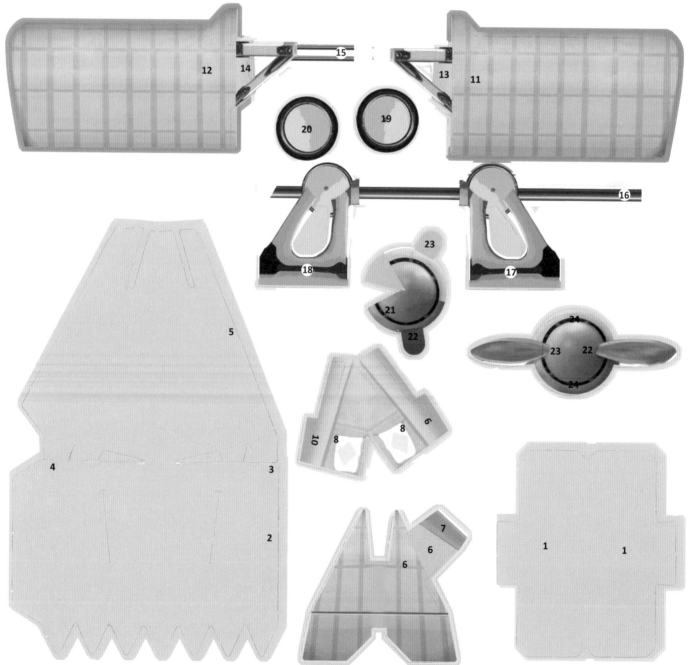

러시아의 비행기 설계사 이고르 시코르스키가 등장하기 전까지의 모든 비행기는 단

발 엔진을 장착한 작은 비행기였다. 1913년 그는 4개의 엔진이 장착되어 있

고, 육중한 몸체로 느릿느릿 움직이지만 십여 명의 승객이 탈 수 있

는 큰 비행기를 제작하기 시작했다. 이 비행기에는 전깃불

과 최초의 기내 화장실 등, 나름대로 기내 편의 시설

을 갖추고 있었다. 승무원들은 비행 중에도

아무렇지도 않게 비행기 밖으로 나

가 돌아다니며 즉석 수리를

하곤 했다.

시코르스키가 만든 대형 비행기가 하늘을 날고 있
는 동안, 사람들이 동체 위에 아무렇지도 않게 서
있다.

9

1914 시코르스키 일리야 무로멧츠

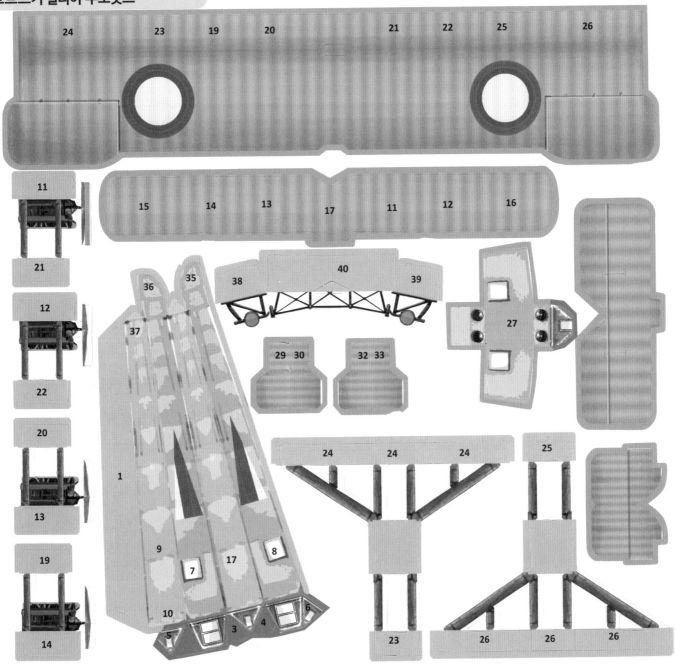

특징

- 최고 속도: 시속 109킬로미터
- 날개폭: 29.7미터
- 기체 길이: 17.5미터
- 승무원 수: 4~8명

일리야 무로멧츠

대부분의 사람들은 시코르스키가 만든 일리야 무로멧츠 비행기가 너무 크고 무거워서 지상에서 이륙하지 못할 것이라고 생각했다. 하지만 이 비행기에 장착된 4개의 100마력짜리 엔진은 이륙하는 데 충분한 추진력을 제공했다.

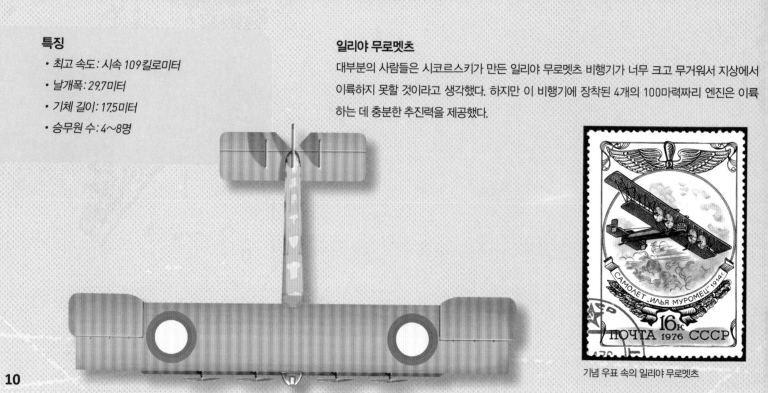

기념 우표 속의 일리야 무로멧츠

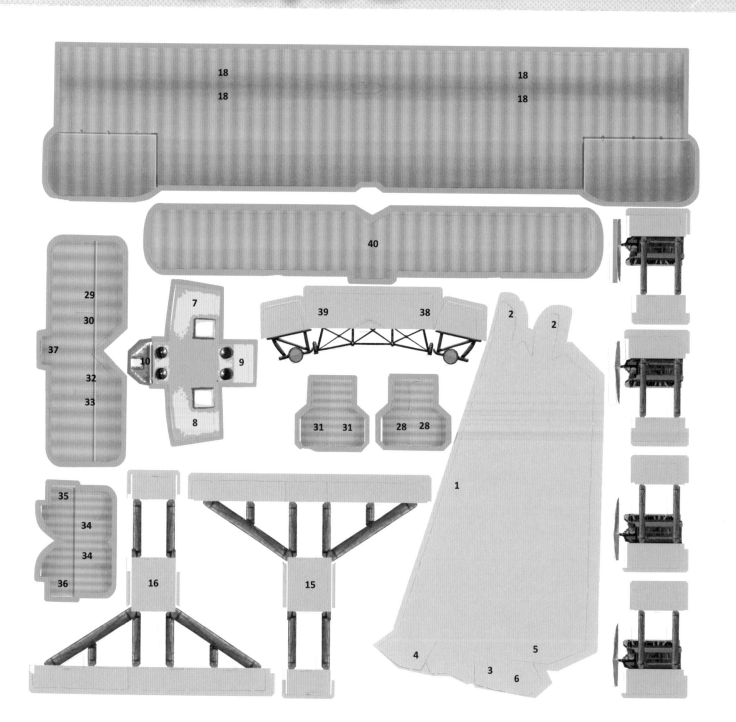

1916 소프위드 카멜 Sopwith Camel

제1차 세계대전 때에는 비행기들
이 공중에서 전투를 할 수 있도록
비행기에 총이 장착되어 있었다.
소프위드 카멜은 가장 성공적인
영국 전투기였다. 이 비행기는 혹
같은 것이 있어서 카멜(낙타)이라고
불리었지만, 일부 조종사들은 이
비행기가 조종하기가 매우 힘든,
성질 나쁜 짐승 같아서 그런 이름
이 붙여졌다고 생각하기도 했다.

제1차 세계대전에서 소프위드 카멜은 훌륭한 기동성
때문에 매우 강력한 전투기로 활약했다.

11

1916 소프위드 카멜

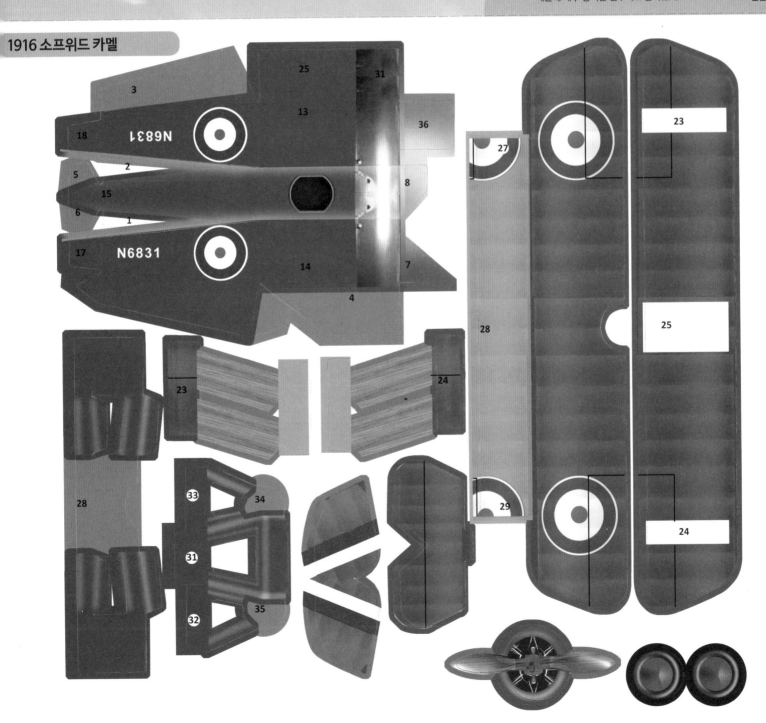

특징

- 최고 속도: 시속 185킬로미터
- 날개폭: 8.5미터
- 기체 길이: 5.7미터
- 승무원 수: 1명

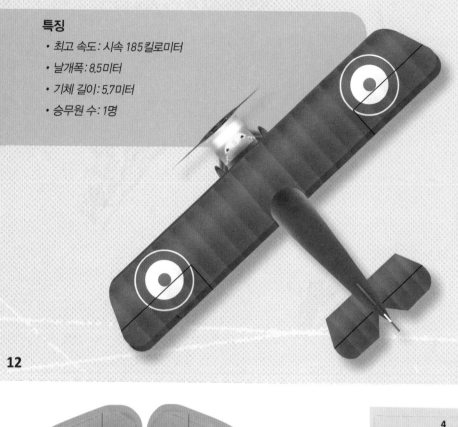

소프위드 카멜

소프위드 카멜 전투기에는 프로펠러 사이로 발사하게 되어 있는 두 개의 총이 장착되어 있었다. 절묘한 동기화 장치(synchronizing mechanism) 때문에 총알은 회전하는 프로펠러 날개에 절대로 맞지 않았다. 유능한 조종사는 공중전을 할 때 화려한 급회전이나 빙글빙글 도는 회전 기술을 마음껏 구사할 수 있었다. 카멜 전투기는 제1차 세계대전 당시, 어떤 다른 전투기보다 적기를 많이 격추시켰다.

체펠린 비행선을 공격하는 카멜 전투기

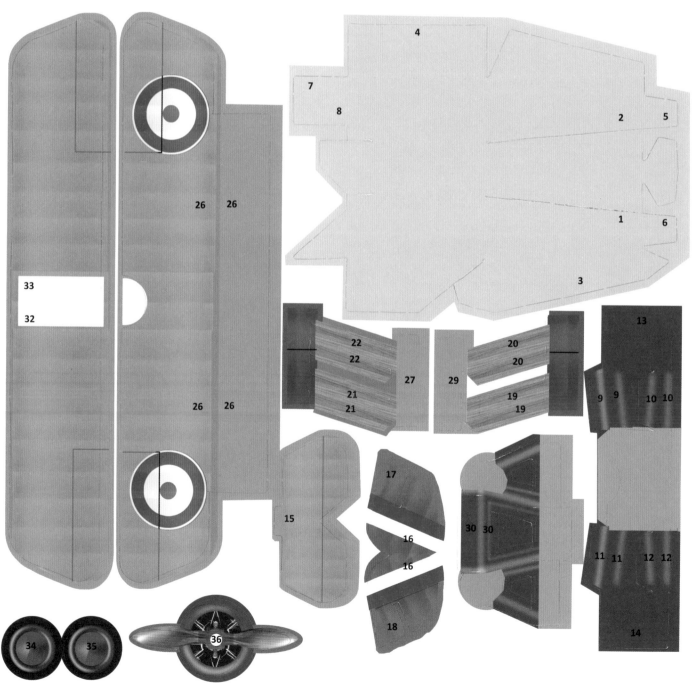

1917 포커 DR 1 삼엽기 Fokker DR 1

포커 DR 1 삼엽기는 제1차 세계대전에서 활약한 독일 전투기 중에서 가장 유명한 전투기로서, 최우수 조종사인 바론 만프레트 폰 리히트호펜이 몰았던 "붉은 바론"이 이 기종이었다. 그가 이끄는 전투기 중대는 "하늘을 날아다니는 서커스"라고 불렸는데, 그것은 포커 삼엽기들이 밝고 선명한 색으로 도색되어 있었기 때문이었다. 포커 전투기에 장착된 세 개의 날개는 항력을 발생시켰는데 이 때문에 속도가 느려져서 근접 공중전을 할 때에는 치명적인 약점이 되었다.

바론 폰 리히트호펜이 모든 군인들이 탐내는 블루맥스 십자무공훈장을 가슴에 달고 있다.

13

1917 포커 DR 1 삼엽기

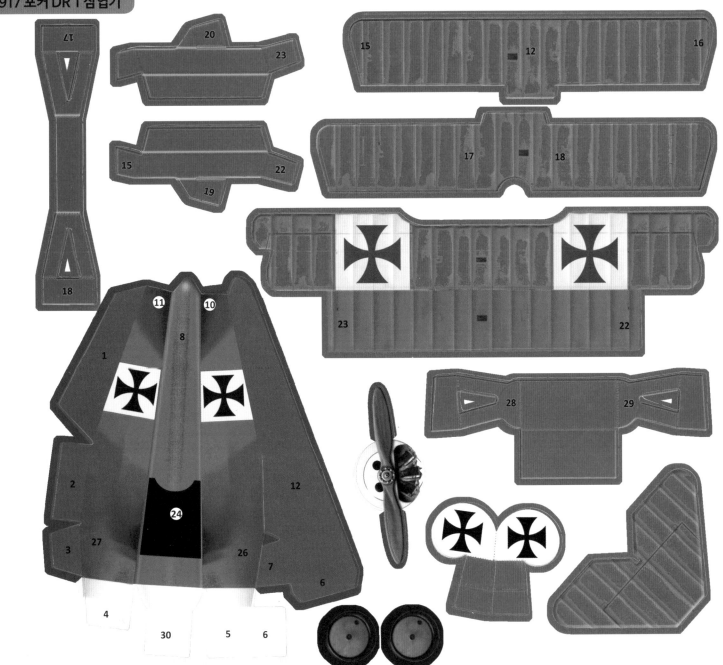

특징

- 최고 속도 : 시속 185킬로미터
- 날개폭 : 7.2미터
- 기체 길이 : 5.8미터
- 승무원 수 : 1명

나치 정권의 후계자였던 헤르만 괴링이 포커 전투기의 조종석에 앉아 있다.

포커 DR 1 삼엽기

제1차 세계대전에 참전한 모든 비행기들처럼, 포커 삼엽기의 조종사들도 지붕 없는 조종석에 앉아 있어야 했기 때문에 바람과 추위에 그대로 노출될 수밖에 없었다.

14

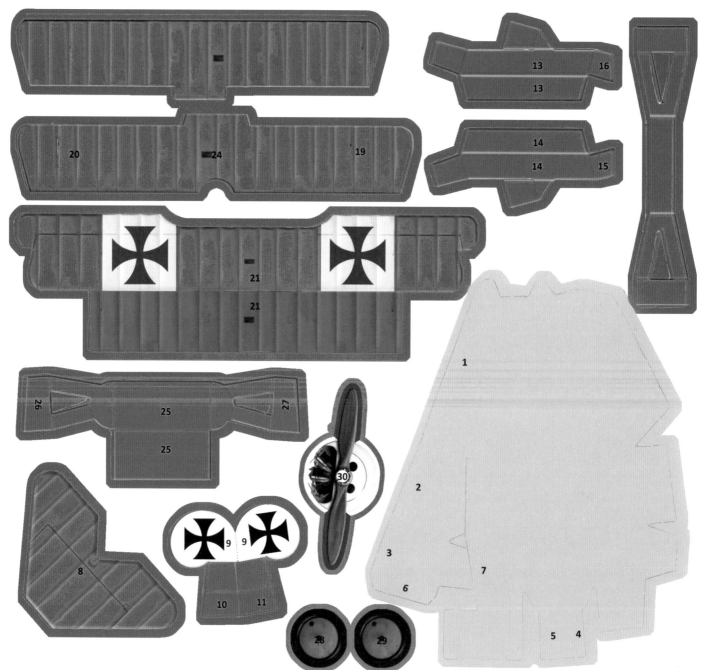

1919 빅커스 비미 폭격기 Vickers Vimy Bomber

빅커스 비미 폭격기는 제1차 세계대전 기간 독일에 폭탄을 투하하기 위해 제작되었다. 1919년 6월 전쟁이 끝난 뒤, 두 명의 영국 항공병인 존 앨콕과 아서 브라운이 빅커스 비미 폭격기를 몰고 뉴펀들랜드(캐나다 동해안의 섬과 래브라도 반도의 일부로 이루어진 주(州))에서 아일랜드까지 무려 3,040킬로미터를 날아갔다. 그들은 아일랜드의 한 토탄(土炭) 늪에 머리부터 곤두박질치며 불시착했는데, 그래도 최초로 대서양을 논스톱으로 건너갔다는 명성을 얻었다.

빅커스 비미 폭격기는 날개 밑과 기체 내부의 폭탄 투하실 안에 폭탄을 싣고 다닐 수 있었다.

15

1919 빅커스 비미 폭격기

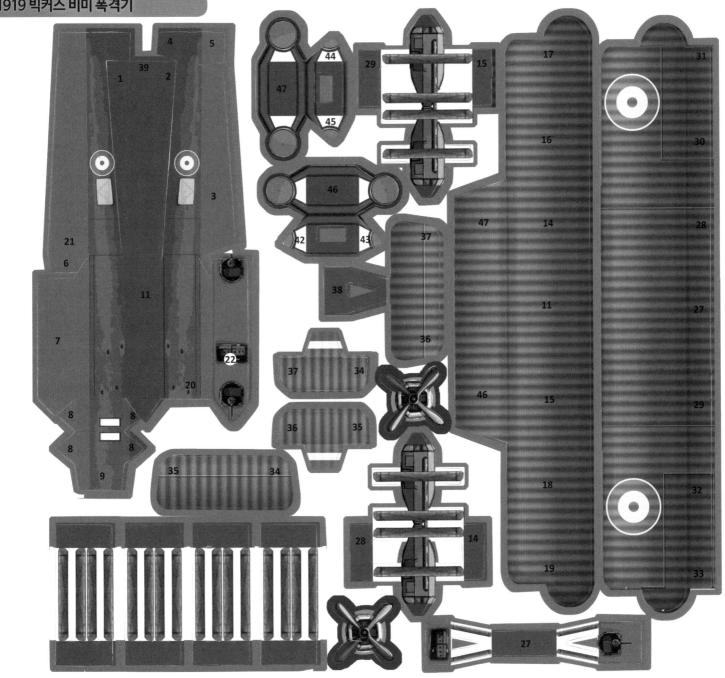

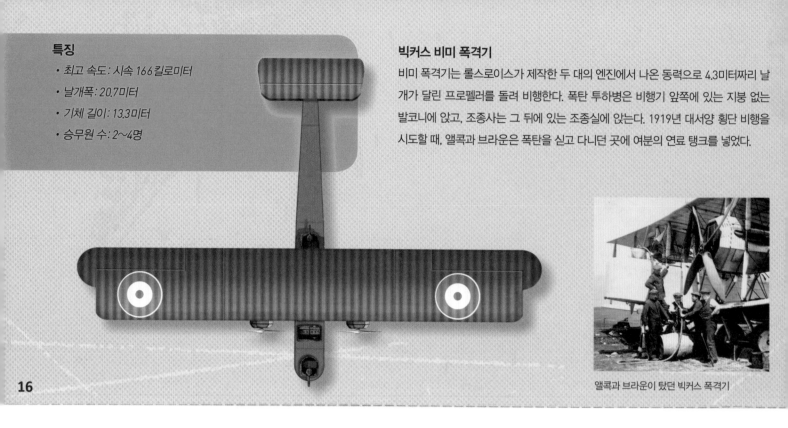

특징

- 최고 속도: 시속 166킬로미터
- 날개폭: 20.7미터
- 기체 길이: 13.3미터
- 승무원 수: 2~4명

빅커스 비미 폭격기

비미 폭격기는 롤스로이스가 제작한 두 대의 엔진에서 나온 동력으로 4.3미터짜리 날개가 달린 프로펠러를 돌려 비행한다. 폭탄 투하병은 비행기 앞쪽에 있는 지붕 없는 발코니에 앉고, 조종사는 그 뒤에 있는 조종실에 앉는다. 1919년 대서양 횡단 비행을 시도할 때, 앨콕과 브라운은 폭탄을 싣고 다니던 곳에 여분의 연료 탱크를 넣었다.

앨콕과 브라운이 탔던 빅커스 폭격기

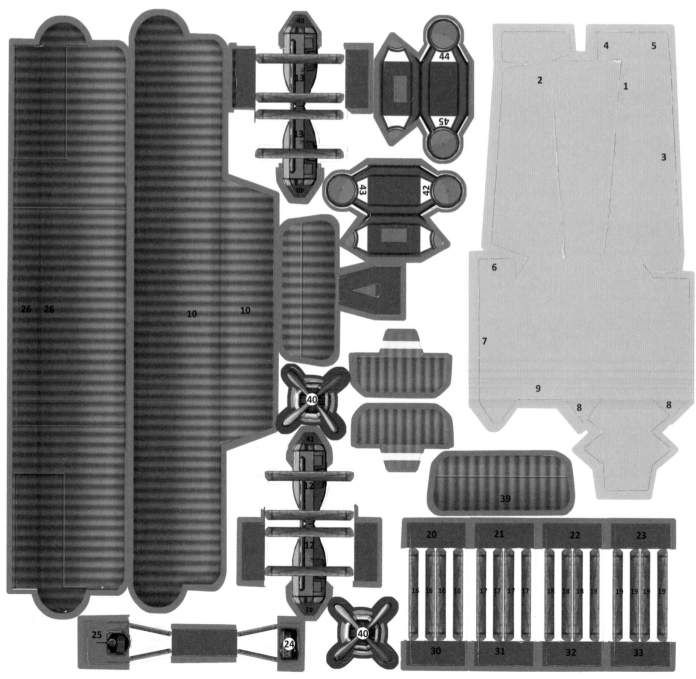

1923 커티스 제니 Curtiss Jenny

커티스 JN-4, 혹은 그냥 "제니"라고 불리는 이 비행기는 제1차 세계대전 기간에 미 육군에 납품하는 훈련기로 선정되어 대량생산되었다. 1918년 전쟁이 끝나자, 미 육군은 재고가 많은 JN-4를, 싸게는 대당 50달러의 헐값으로 개인 구매자들에게 팔기도 했다. 이때 많은 "곡예 비행사들", 즉 공중 공예와 목숨을 건 스턴트로 대중에게 즐거움을 주어 생계를 꾸려나가던 용감한 조종사들이 헐값에 나온 이 비행기를 샀다.

순회 공연길에 나선 제니의 조종사가 조종석에서 나와 날개 위에서 간단히 몸을 풀고 있다.

1923 커티스 제니

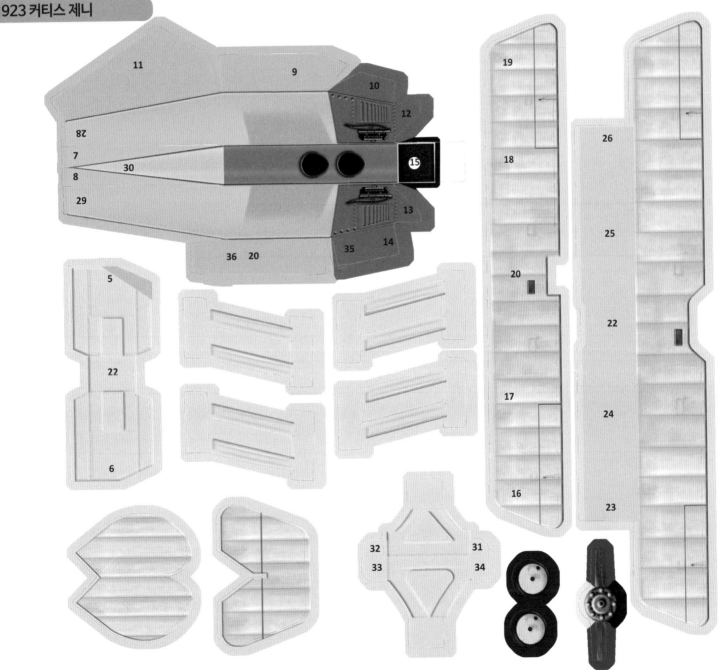

특징

- 최고 속도: 시속 121킬로미터
- 날개폭: 13.3미터
- 기체 길이: 8.3미터
- 승무원 수: 2명

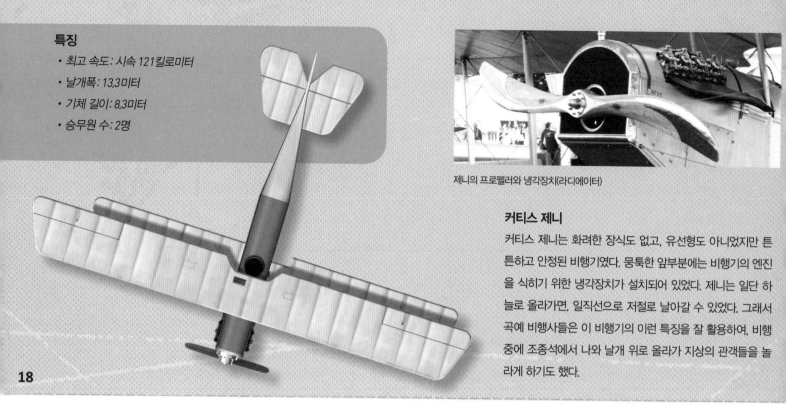

제니의 프로펠러와 냉각장치(라디에이터)

커티스 제니

커티스 제니는 화려한 장식도 없고, 유선형도 아니었지만 튼튼하고 안정된 비행기였다. 뭉툭한 앞부분에는 비행기의 엔진을 식히기 위한 냉각장치가 설치되어 있었다. 제니는 일단 하늘로 올라가면, 일직선으로 저절로 날아갈 수 있었다. 그래서 곡예 비행사들은 이 비행기의 이런 특징을 잘 활용하여, 비행 중에 조종석에서 나와 날개 위로 올라가 지상의 관객들을 놀라게 하기도 했다.

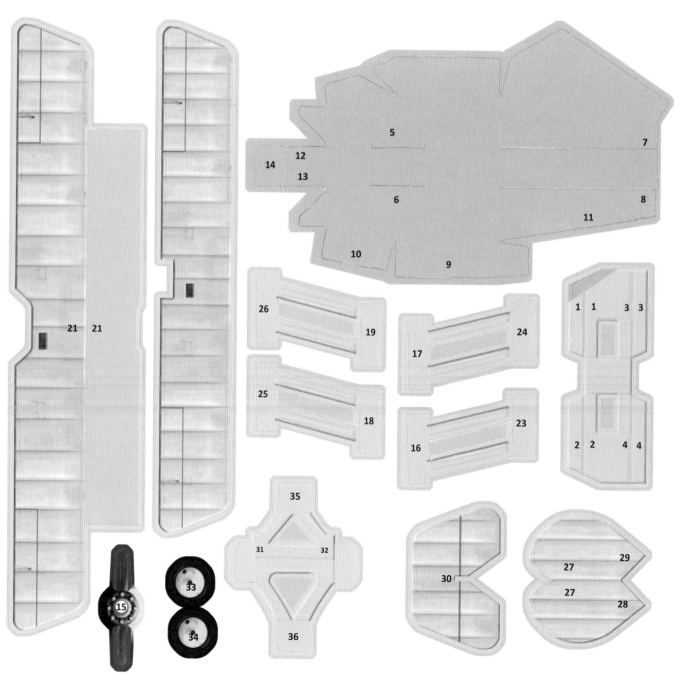

1926 포드 틴구스 Ford Tin Goose

포드 자동차회사는 미국 최초로 대량생산된 여객기를 제조했다. 이 비행기는 파형 판금(波形板金)으로 만들어졌기 때문에 "틴구스(양철 거위)"라는 애칭을 얻었다. 이 비행기는 대서양에서 태평양까지, 미대륙을 동서로 횡단하는 최초의 여객 운송 서비스를 시작하였으나, 철도회사와 협력하지 않으면 안 되었다. 이들의 일정으로 여행을 하는 승객들은 낮에는 비행기를 타고, 밤에는 열차로 갈아타는 식으로 대륙을 횡단해야만 했다.

파형 판금으로 뒤덮인 틴구스의 외형은 독일의 융커스 폭격기의 디자인을 본뜬 것이다.

1926 포드 틴구스

특징

- 최고 속도: 시속 196 킬로미터
- 날개폭: 23.7미터
- 기체 길이: 15.2미터
- 승무원 수: 2명

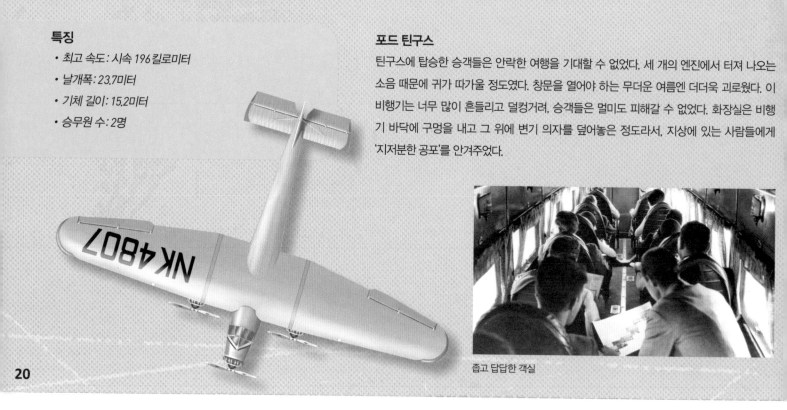

포드 틴구스

틴구스에 탑승한 승객들은 안락한 여행을 기대할 수 없었다. 세 개의 엔진에서 터져 나오는 소음 때문에 귀가 따가울 정도였다. 창문을 열어야 하는 무더운 여름엔 더더욱 괴로웠다. 이 비행기는 너무 많이 흔들리고 덜컹거려, 승객들은 멀미도 피해갈 수 없었다. 화장실은 비행기 바닥에 구멍을 내고 그 위에 변기 의자를 덮어놓은 정도라서, 지상에 있는 사람들에게 '지저분한 공포'를 안겨주었다.

좁고 답답한 객실

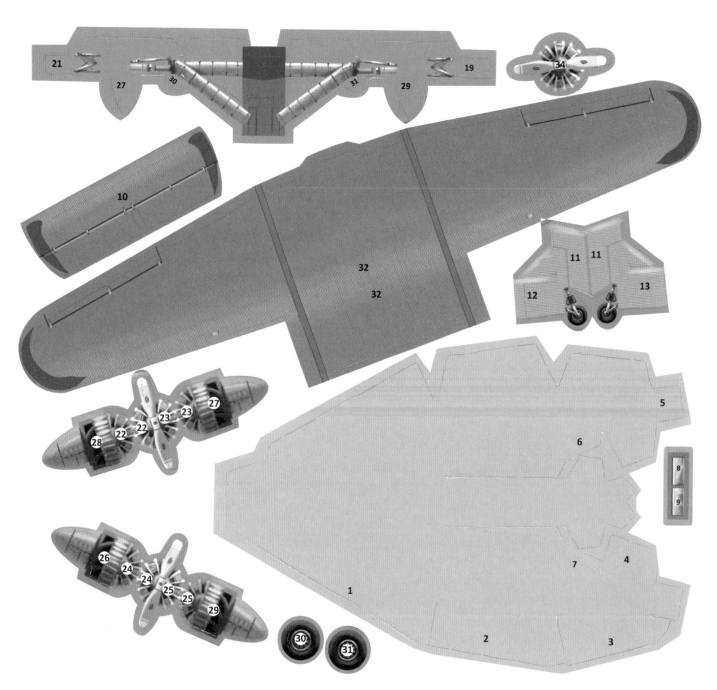

1927 세인트 루이스의 정신
Spirit of St. Louis

세인트 루이스의 정신 호는 미국 항공우편국 소속 조종사인 찰스 린드버그가 만들었다. 그는 일찍이 뉴욕에서 파리를 최초로 논스톱으로 비행한 사람에게 내건 상금을 노리고, 이 경쟁에 뛰어들기로 결심했다. 1927년 5월 20일, 린드버그는 뉴욕을 이륙, 장장 33시간 30분 동안 총 5,800킬로미터를 날아갔다. 이 비행으로 인해 이 젊은 조종사는 세계적으로 유명한 인물이 되었다.

린드버그가 만든 비행기는 라이언 항공 우편 비행기를 기초로 삼아 파리 비행에 알맞게 변형한 것이었다.

21

1927 세인트 루이스의 정신

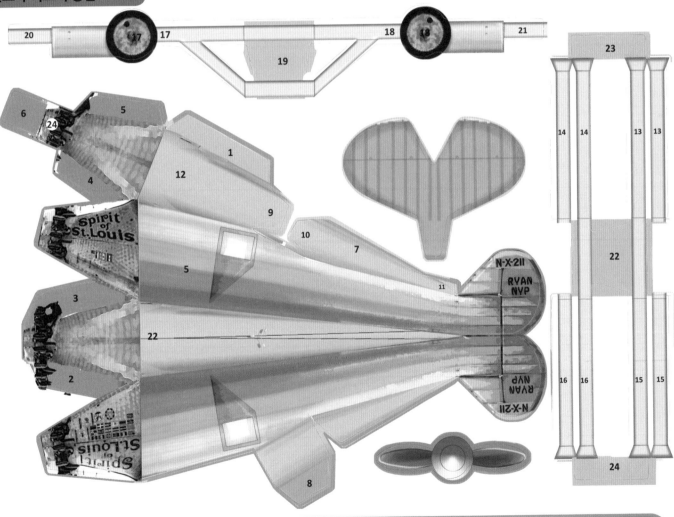

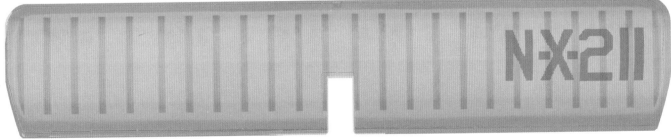

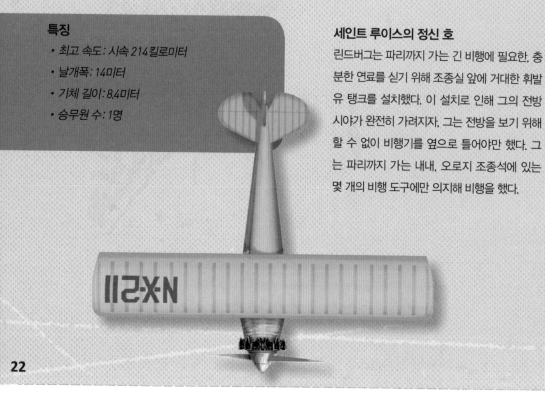

특징

- 최고 속도: 시속 214킬로미터
- 날개폭: 14미터
- 기체 길이: 8.4미터
- 승무원 수: 1명

세인트 루이스의 정신 호

린드버그는 파리까지 가는 긴 비행에 필요한, 충분한 연료를 싣기 위해 조종실 앞에 거대한 휘발유 탱크를 설치했다. 이 설치로 인해 그의 전방 시야가 완전히 가려지자, 그는 전방을 보기 위해 할 수 없이 비행기를 옆으로 틀어야만 했다. 그는 파리까지 가는 내내, 오로지 조종석에 있는 몇 개의 비행 도구에만 의지해 비행을 했다.

프랑스 인들이 린드버그를 환영하고 있다.

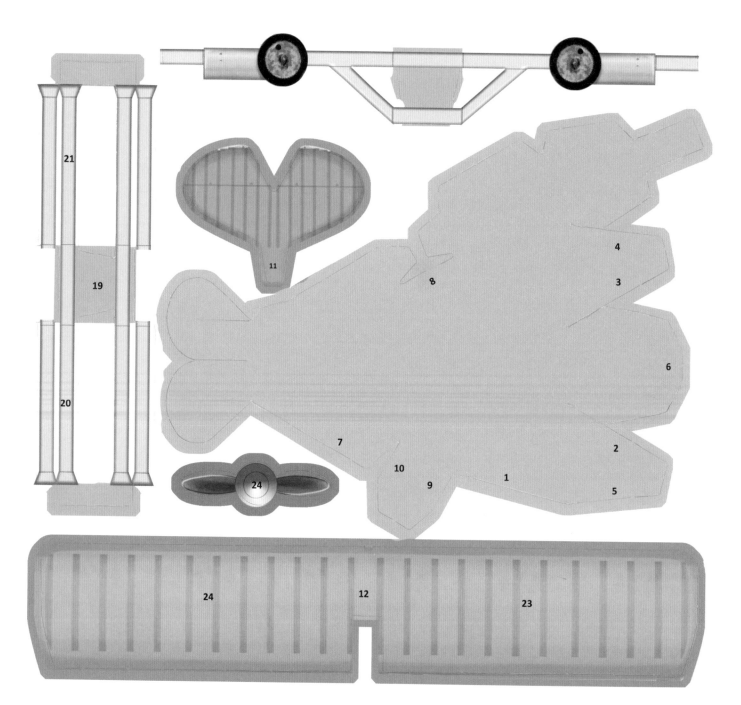

1927 록히드 베가 Lockheed Vega

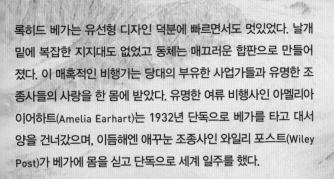

록히드 베가는 유선형 디자인 덕분에 빠르면서도 멋있었다. 날개 밑에 복잡한 지지대도 없었고 동체는 매끄러운 합판으로 만들어졌다. 이 매혹적인 비행기는 당대의 부유한 사업가들과 유명한 조종사들의 사랑을 한 몸에 받았다. 유명한 여류 비행사인 아멜리아 이어하트(Amelia Earhart)는 1932년 단독으로 베가를 타고 대서양을 건너갔으며, 이듬해엔 애꾸눈 조종사인 와일리 포스트(Wiley Post)가 베가에 몸을 싣고 단독으로 세계 일주를 했다.

베가 비행기는 고정된 착륙장치를 유선형화하기 위해 바퀴 위에 예쁜 "스팻(공기 저항을 줄이기 위해 고정각의 바퀴를 덮는 유선형의 덮개—옮긴이)"을 씌워놓았다.

23

1927 록히드 베가

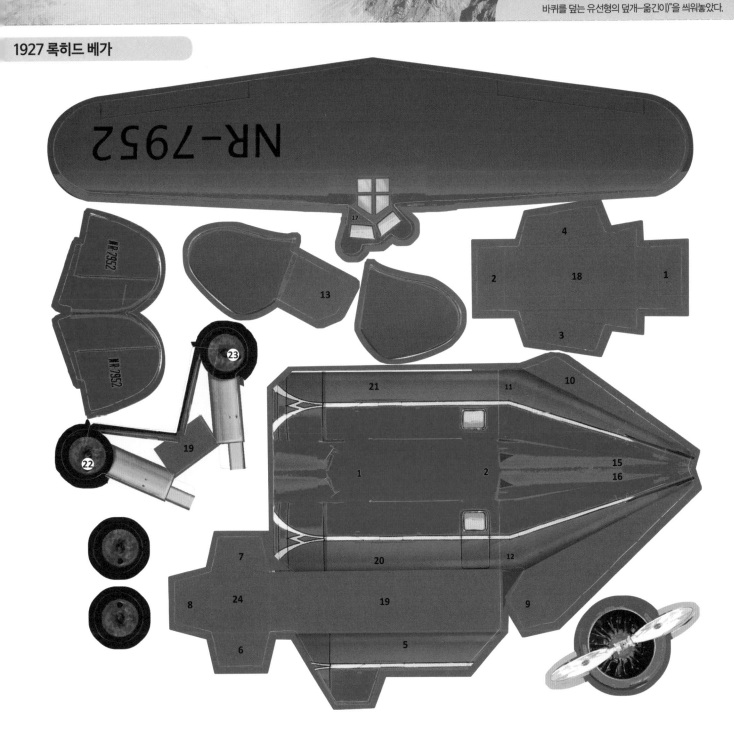

특징

- 최고 속도: 시속 290킬로미터
- 날개폭: 12.5미터
- 기체 길이: 8.4미터
- 승무원 수: 1명

록히드 베가

베가에는 방사형의 엔진이 장착되어 있었고, 실린더들은 프로펠러 주위에 둥글게 설치되어 있어 공기에 의해 쉽게 냉각되도록 설계되었다. 비행기의 전면부에는 실린더들이 툭 튀어나와 있는데 이 때문에 항력이 생기고, 이것이 비행기의 속력을 떨어뜨리는 원인이 되었다. 1929년부터 베가 비행기의 엔진에는 엔진 덮개가 씌어졌는데, 이 부드러운 덮개 덕분에 비행기는 더욱 유선형을 띠게 되었다.

여류 비행사, 아멜리아 이어하트

24

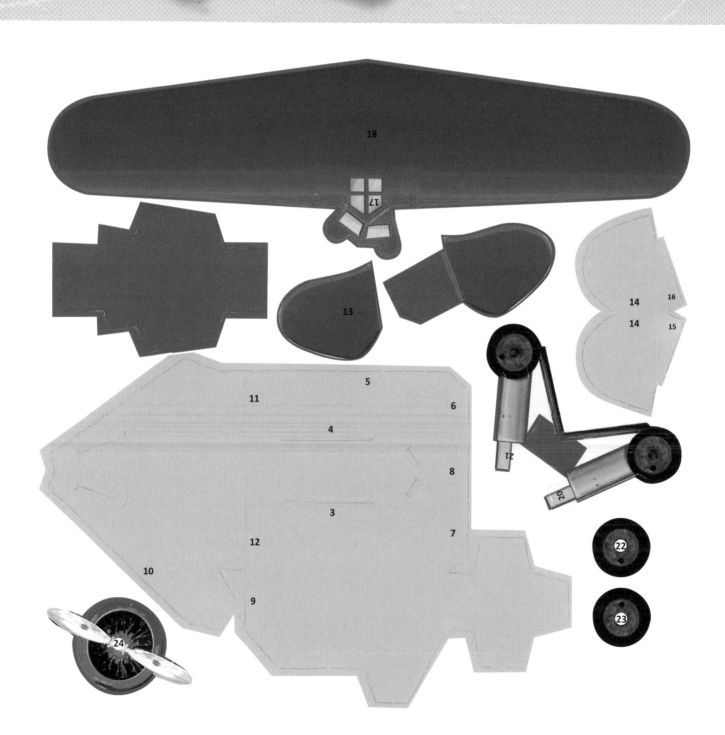

1920년대와 1930년대에 영국 비행 클럽에 참여했던 대부분의 아마추어 조종사들은 집시모스(매미나방이라는 뜻—옮긴이)를 몰았다. 안정성 있고 튼튼한 이 비행기는 장거리 비행에 자주 이용되면서 명성을 얻었다. 1930년 에이미 존슨(Amy Johnson)이라는 신출내기 아마추어 조종사는 중고 집시모스를 몰고 단독으로 잉글랜드에서 오스트레일리아까지, 장장 1만 7,700킬로미터의 거리를 비행했다.

DH 모스는 2인승 비행기였으며, 조종사는 뒷좌석을 차지했다.

25

1928 드 하빌랜드 집시모스

1920년대와 30년대에 수백 명의 아마추어 조종사들이 브루클랜즈(Brooklands) 비행 클럽에 가입하여 비행기 조종법을 배웠다.

드 하빌랜드 집시모스

"집시"는 모스를 비롯한 드 하빌랜드제(製) 비행기에 장착된 직렬 엔진(실린더들이 일자로 배열됨)의 이름이다. 집시모스는 엔진이 별로 강력하지 않았고, 두 개의 날개 사이에 설치된 각종 지지대와 와이어들이 큰 항력을 초래했기 때문에 속도 또한 느렸다. 또 이 지지대와 와이어들 때문에 조종석을 오르내리는 동작도 불편했다.

26

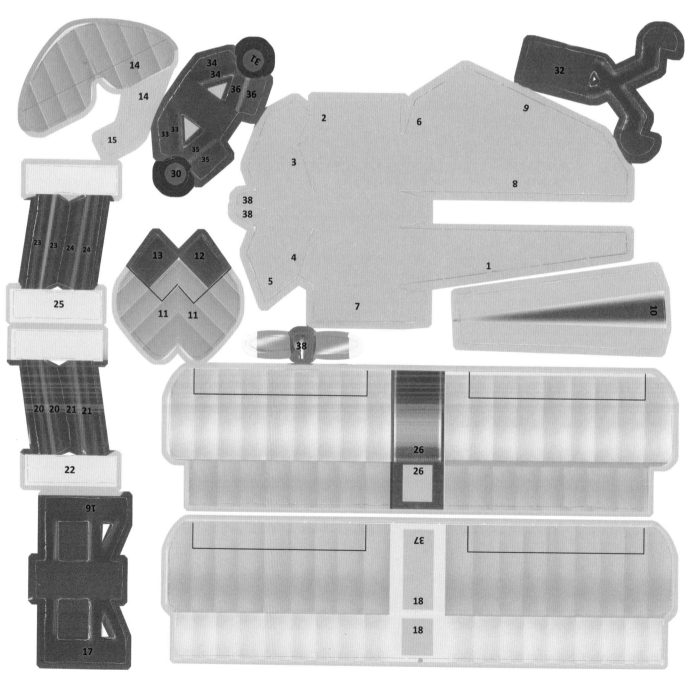

1931 마키 MC 72 Macchi MC 72

1930년대 초만 해도, 물 위에서 이착륙할 수 있도록 설계된 수상 항공기가 경주용 비행기로서는 세계에서 가장 빠른 기종이었다. 1933년과 1934년에 프란치스코 아겔로(Francesco Agello)는 마키 MC 72를 몰고 시속 700킬로미터가 넘는 속도로 비행을 해, 역사상 그 어떤 인간이 날아간 속도보다도 빠른 속도를 기록했다.

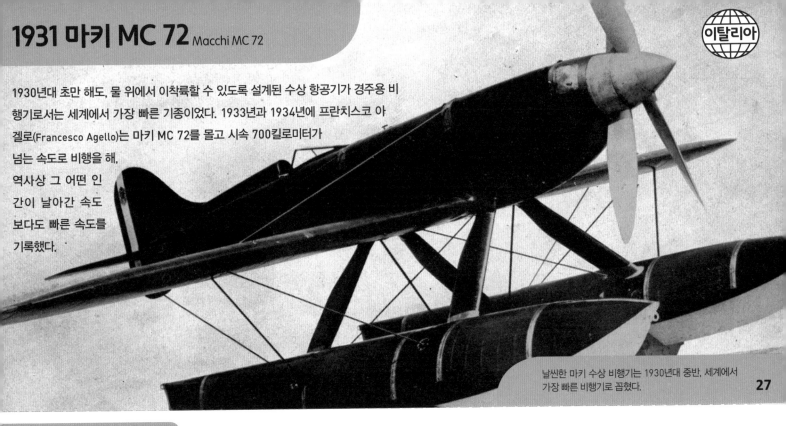

날씬한 마키 수상 비행기는 1930년대 중반, 세계에서 가장 빠른 비행기로 꼽혔다.

1931 마키 MC 72

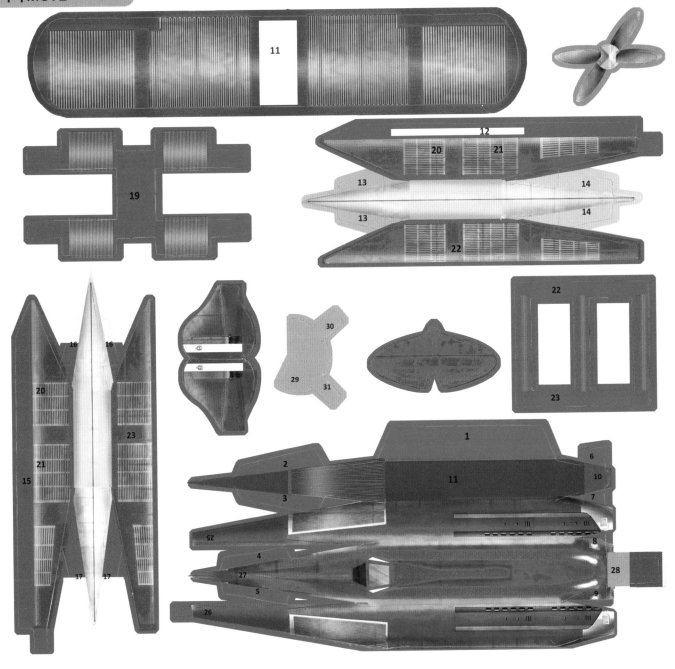

특징

- 최고 속도: 시속 710킬로미터
- 날개폭: 9.5미터
- 기체 길이: 8.3미터
- 승무원 수: 1명

마키 MC 72

마키 MC 72는 시험기로 제작되었고, 두 명의 시험 비행사가 목숨을 잃었다. 이 비행기의 프로펠러 중 앞으로 튀어나와 있는 절반과 뒤에 놓인 절반은 서로 반대 방향으로 돌았는데, 이렇게 이상한 이중 프로펠러를 조정하니 이 비행기가 안고 있었던 문제점 중 상당 부분이 해결되었다.

마키의 이중 프로펠러

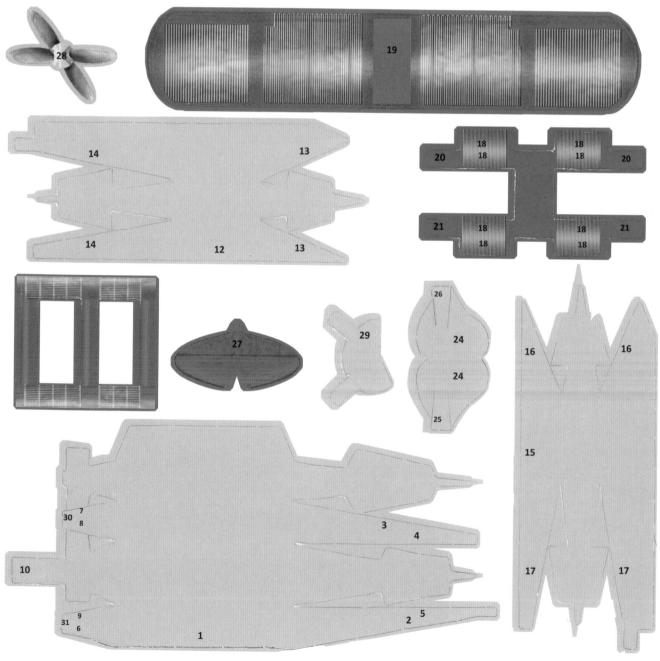

Sikorsky S-40 Clipper

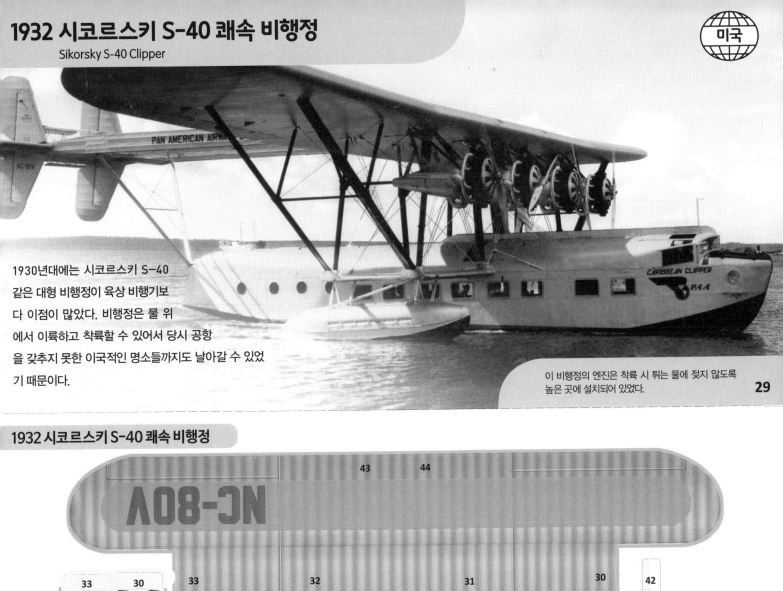

1930년대에는 시코르스키 S-40
같은 대형 비행정이 육상 비행기보
다 이점이 많았다. 비행정은 물 위
에서 이륙하고 착륙할 수 있어서 당시 공항
을 갖추지 못한 이국적인 명소들까지도 날아갈 수 있었
기 때문이다.

이 비행정의 엔진은 착륙 시 튀는 물에 젖지 않도록
높은 곳에 설치되어 있었다.

29

1932 시코르스키 S-40 쾌속 비행정

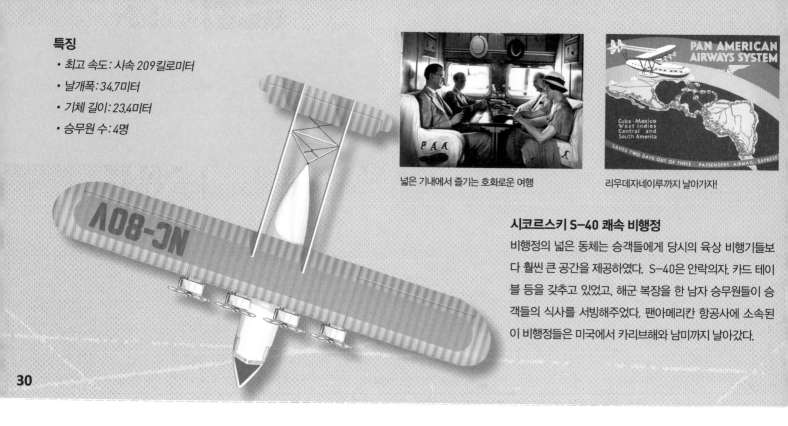

특징

- 최고 속도: 시속 209킬로미터
- 날개폭: 34.7미터
- 기체 길이: 23.4미터
- 승무원 수: 4명

넓은 기내에서 즐기는 호화로운 여행

리우데자네이루까지 날아가자!

시코르스키 S-40 쾌속 비행정

비행정의 넓은 동체는 승객들에게 당시의 육상 비행기들보다 훨씬 큰 공간을 제공하였다. S-40은 안락의자, 카드 테이블 등을 갖추고 있었고, 해군 복장을 한 남자 승무원들이 승객들의 식사를 서빙해주었다. 팬아메리칸 항공사에 소속된 이 비행정들은 미국에서 카리브해와 남미까지 날아갔다.

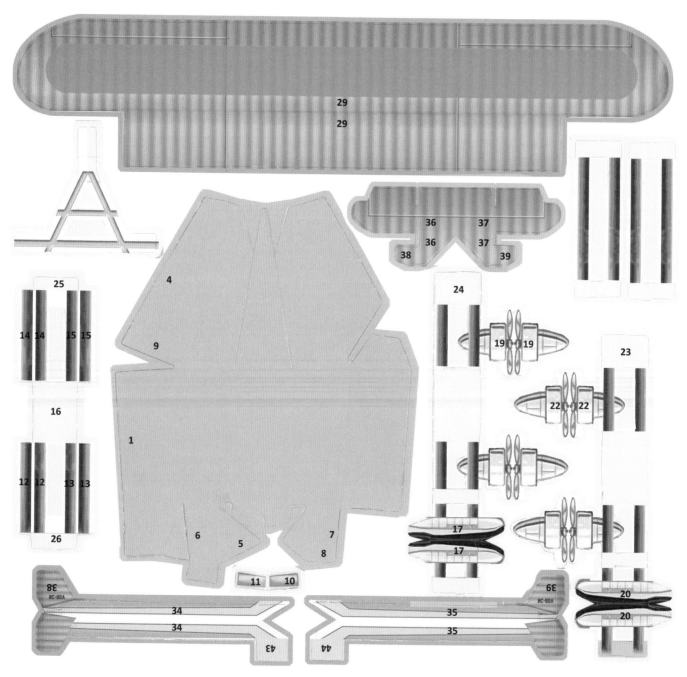

1932 그랜빌 슈퍼 스포트스터 Granville Super Sportster

1930년대에 비행기 경주는 인기 있는 스포츠였다. 1932년 그랜빌 형제의 스포트스터(일명 "지비(Gee Bee)")는 이 같은 위험한 경주대회 중 하나에서 우승을 했다. 이 비행기는 직선거리를 정해놓고 날아가는 경주에서 평균 시속 473킬로미터를 기록했다. 하지만 이 비행기를 탄다는 것은 자살행위와 다름없이 위험했다. 총 3대가 제작되었으나, 모두 충돌 사고로 부서져버렸다.

스포트스터는 불안정하고 위험한 비행기로, 빠르긴 하나 손에 땀을 쥐게 만들었다.

1932 그랜빌 슈퍼 스포트스터

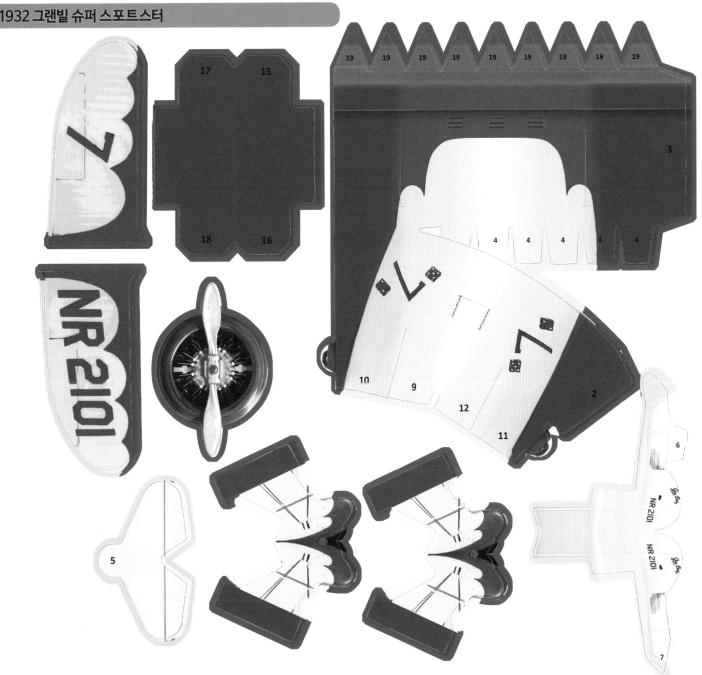

특징

- 최고 속도: 시속 473킬로미터
- 날개폭: 7.6미터
- 기체 길이: 5.4미터
- 승무원 수: 1명

엔진은 거대하나 상대적으로 조그마한 날개가 붙어 있다.

그랜빌 슈퍼 스포츠스터

지비(Gee Bee)는 거대한 한 개의 방사형 엔진에 조그마한 날개들과 꼬리가 붙어 있고, 꼭대기에 조종실이 올려져 있는 모양의 비행기였다. 이 비행기의 바퀴들은 항력을 조금이라도 줄이려고 둥글게 구부러진 "스팻"으로 덮여 있었다. 지비는 당시에 가장 빨랐던 비행정보다는 느렸지만, 육상 비행기 중에서는 가장 빨랐다.

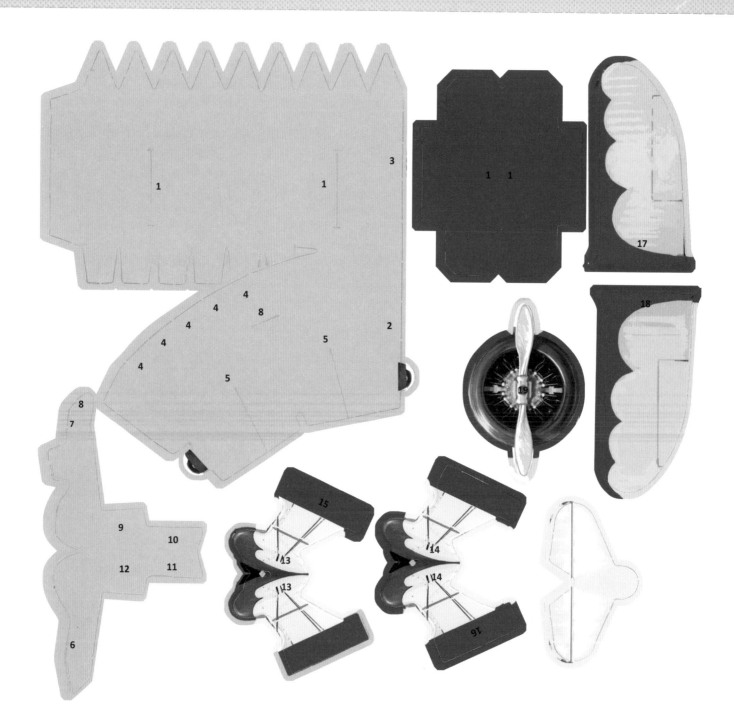

1934 록히드 일렉트라 Lockheed Electra

1930년대에 들어, 항공기 여행은 새로운 세대의 날렵한 단엽 정기 여객기의 등장으로 새로운 국면을 맞이하게 되었다. 그중 가장 아름다운 기종은 록히드 사가 만든 일렉트라였다. 이 비행기는 전부 금속으로 제작되었으며, 승객들이 엔진 소음에 시달리지 않도록 방음장치가 잘되어 있었고, 야간 비행에 필요한 장비들도 잘 갖추어져 있었다.

일렉트라는 승객들을 더 멀리, 더 빠르게, 그리고 그 어느 때보다 더 안락하게 실어 날랐다.

1934 록히드 일렉트라

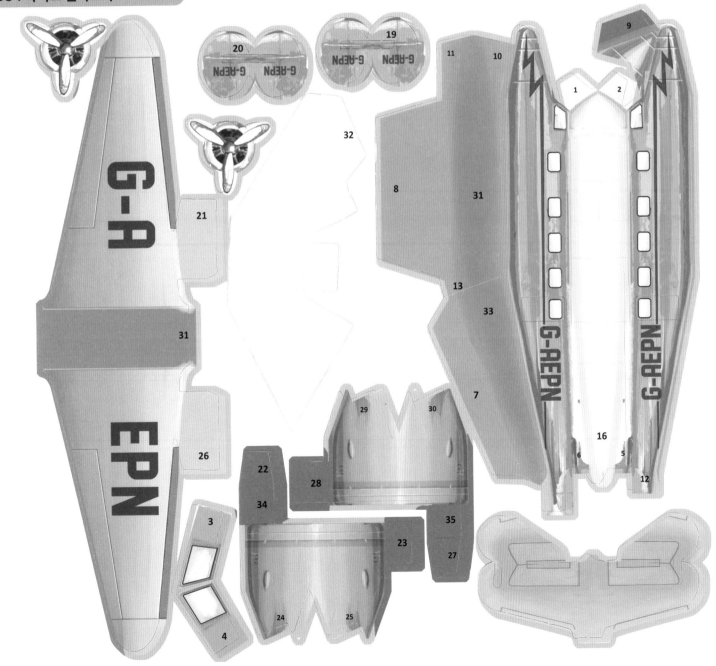

특징

- 최고 속도: 시속 325킬로미터
- 날개폭: 16.8미터
- 기체 길이: 11.8미터
- 승무원 수: 2명

록히드 일렉트라

많은 일렉트라가 항공우편을 실어 나르는 데 사용되었지만, 이 비행기의 여객실은 10명의 승객을 너끈히 수용할 만한 공간을 갖추고 있었다. 그리고 이 비행기는 유명한 조종사들에게도 인기가 있었다. 미국 조종사 아멜리아 이어하트가 1937년 태평양 횡단 중 실종되었을 때, 그녀가 몰던 비행기가 바로 일렉트라였다.

이 비행기의 동체는 금속제 프레임에 알루미늄을 덮어씌운 형태로 제작되었다.

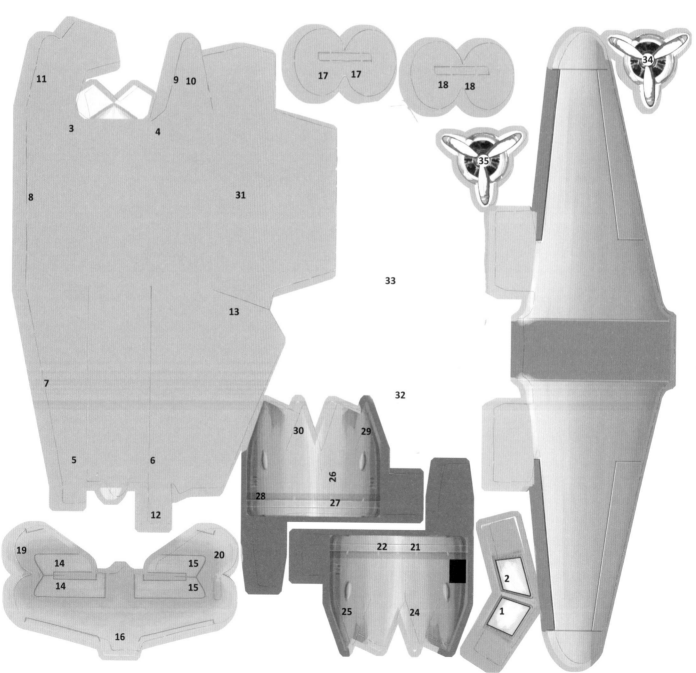

H-1 경주용 비행기는 괴짜 백만장자인 하워드 휴즈가 만들었다. 1935년 가을의 어느 날, 휴즈가 직접 조종간을 잡은 이 비행기는 시속 566킬로미터로 하늘을 날아감으로써 세계에서 가장 빠른 육상 비행기가 되었다. 그는 또 로스앤젤레스에서 뉴욕을, 7시간 28분 만에 논스톱으로 주파하는 대기록을 세우기도 했다.

스피드 위주로 제작된 휴즈 사의 경주용 비행기는 당시로서는 첨단 기술이 총동원된 작품이었다.

1935 휴즈 H-1 경주용 비행기

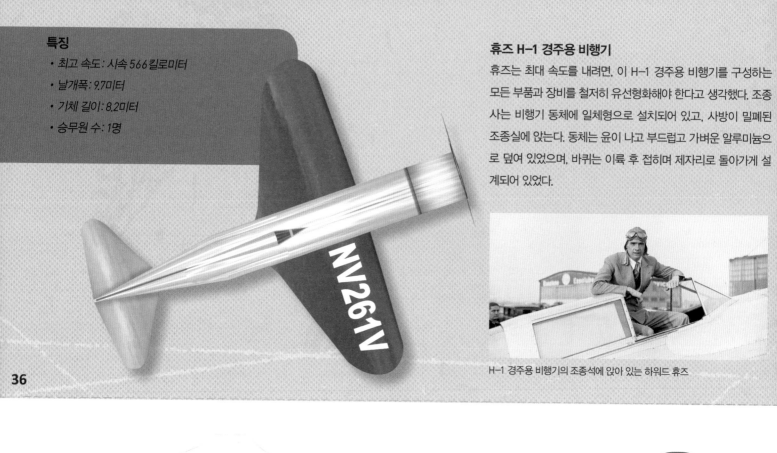

특징

- 최고 속도 : 시속 566 킬로미터
- 날개폭 : 9.7미터
- 기체 길이 : 8.2미터
- 승무원 수 : 1명

휴즈 H-1 경주용 비행기

휴즈는 최대 속도를 내려면, 이 H-1 경주용 비행기를 구성하는 모든 부품과 장비를 철저히 유선형화해야 한다고 생각했다. 조종사는 비행기 동체에 일체형으로 설치되어 있고, 사방이 밀폐된 조종실에 앉는다. 동체는 윤이 나고 부드럽고 가벼운 알루미늄으로 덮여 있었으며, 바퀴는 이륙 후 접히며 제자리로 돌아가게 설계되어 있었다.

H-1 경주용 비행기의 조종석에 앉아 있는 하워드 휴즈

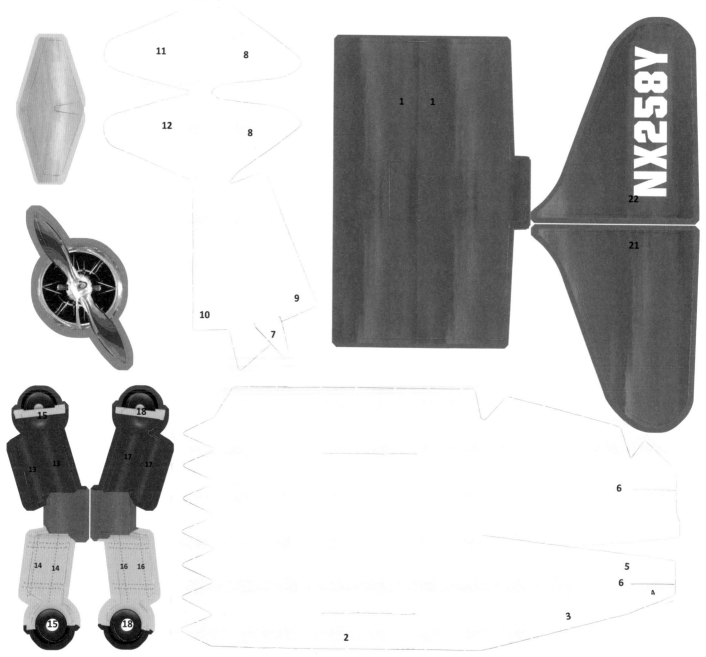

1935 더글러스 DC-3 Douglas DC-3

더글러스 DC-3은 항공기 역사상 가장 성공한 기종 중 하나이다. 이 항공기는 원래 정기 여객기로 사용되었으나, 제2차 세계대전이 발발한 뒤에는 군용 수송기, 즉 C-47로 탈바꿈하여 전시 보급품을 실어 나르고, 낙하산 병사들을 전쟁터에 투하하는 임무를 수행했다. 이 기종의 숱한 변종들이 나왔는데 통틀어, 총 1만 6,000대 이상이 제작되었다.

'다코타'라는 별명으로 불리기도 한 DC-3은 전 세계의 항공사와 군대에 팔렸다.

37

1935 더글러스 DC-3

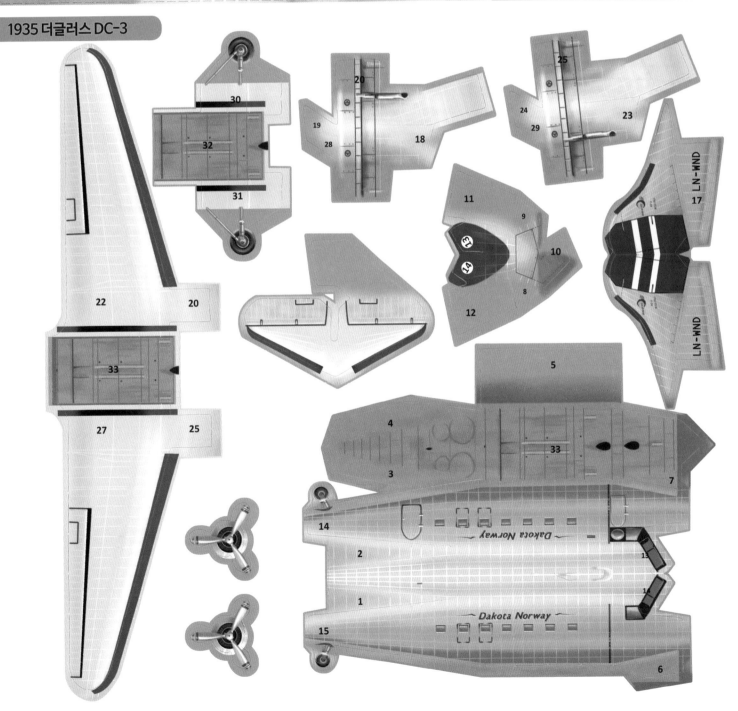

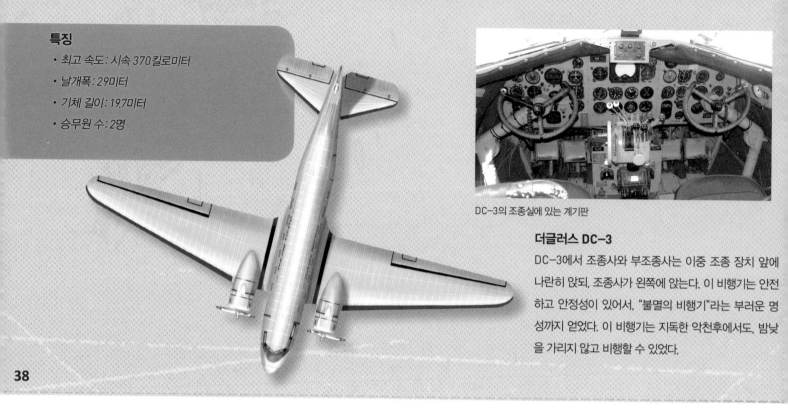

특징

- 최고 속도: 시속 370킬로미터
- 날개폭: 29미터
- 기체 길이: 19.7미터
- 승무원 수: 2명

DC-3의 조종실에 있는 계기판

더글러스 DC-3

DC-3에서 조종사와 부조종사는 이중 조종 장치 앞에 나란히 앉되, 조종사가 왼쪽에 앉는다. 이 비행기는 안전하고 안정성이 있어서, "불멸의 비행기"라는 부러운 명성까지 얻었다. 이 비행기는 지독한 악천후에서도, 밤낮을 가리지 않고 비행할 수 있었다.

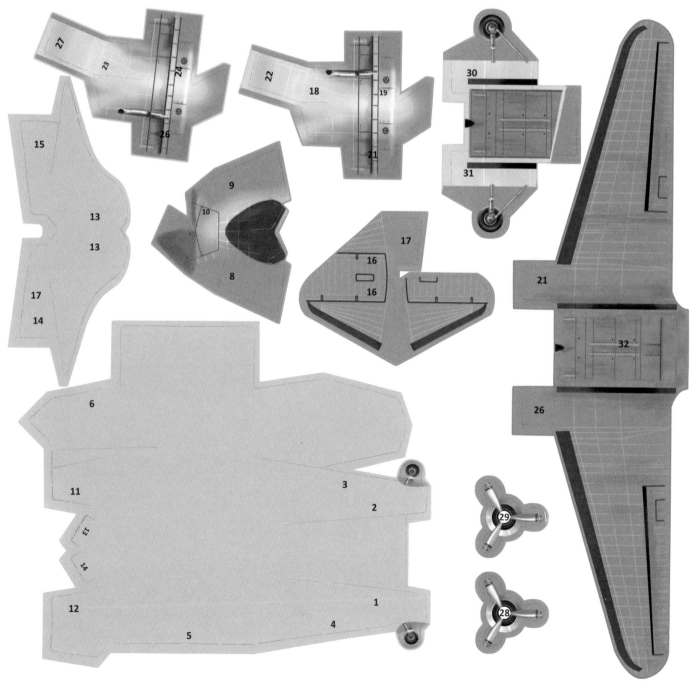

1937 메서슈미트 BF 109 Messerschmitt BF 109

나치 독일은 1930년대에 자국 공군을 신속하게 확장하는 과업에 착수했을 때 이 메서슈미트 BF 109를 독일의 주력 1인승 전투기로 개발하기로 선정했다. 밀폐된 조종실과 날렵하고 가볍게 전체를 금속으로 만든 이 비행기는 기존의 어떤 전투기보다도 빨랐으며, 두려운 존재였다.

메서슈미트는 1940년에 있었던 영국 공습 작전에서 독일의 핵심적인 전투기로 활약했다.

1937 메서슈미트 BF 109

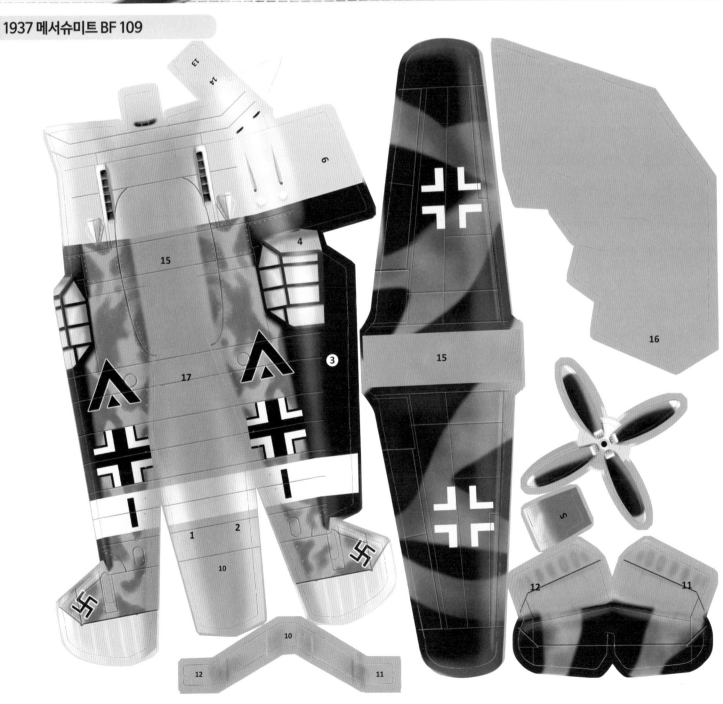

특징

- 최고 속도: 시속 570킬로미터
- 날개폭: 9.9미터
- 기체 길이: 8.6미터
- 승무원 수: 1명

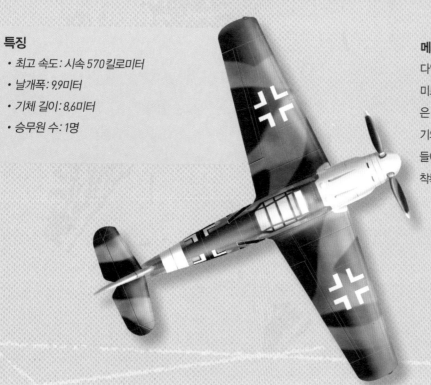

메서슈미트 BF 109

다임러 벤츠 사가 제작한 12개의 실린더가 장착된 엔진 덕분에 메서슈미트 BF 109는 경이로울 정도로 빠른 속도로 비행할 수 있었다. 포탄은 프로펠러의 중앙 허브에 뚫어놓은 구멍을 통해 발사되었다. 이 비행기의 하부에 장착된 착륙장치는 비행기가 이륙하면 접혀 날개 속으로 들어가게 되어 있었다. 매우 노련한 조종사만이 이 비행기를 안전하게 착륙시킬 수 있었다.

메서슈미트 BF 109의 엔진은 역 V자형이다.

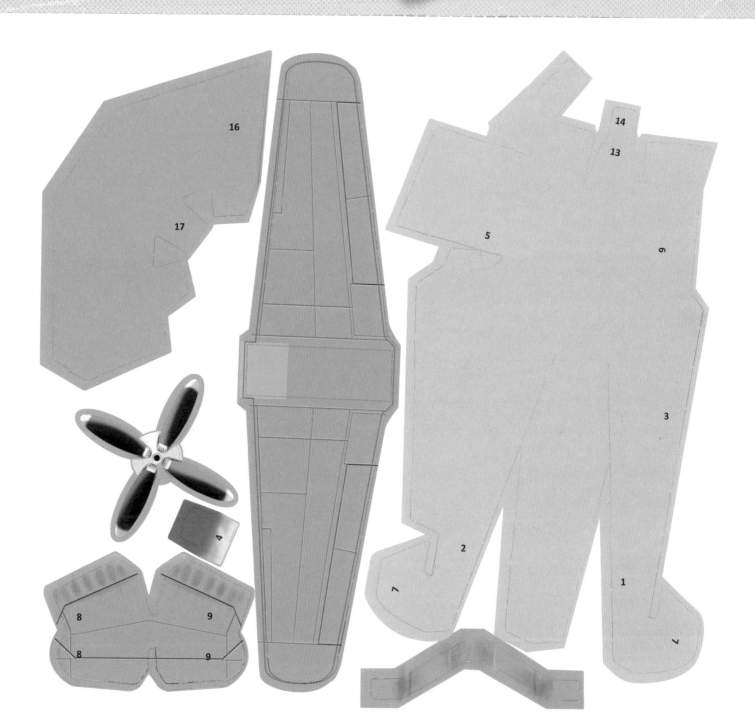

1938 보잉 B-17 Boeing B-17

제2차 세계대전 당시, 가장 유명했던 미국의 폭격기인 보잉 B-17은 "날아다니는 요새"라는 별명으로도 불리었다. 이는 기체에 줄지어 장착된 13정의 기관총이 어떤 적군기의 공격도 물리칠 수 있었기 때문이었다. B-17은 집단 대형을 취한 채 높고 빠르게 비행하여 낮에도 독일을 마음 놓고 폭격할 수 있었다.

제2차 세계대전 시, '날아다니는 요새' 한 대는 대략 2.7톤의 폭탄을 실을 수 있었다.

1938 보잉 B-17

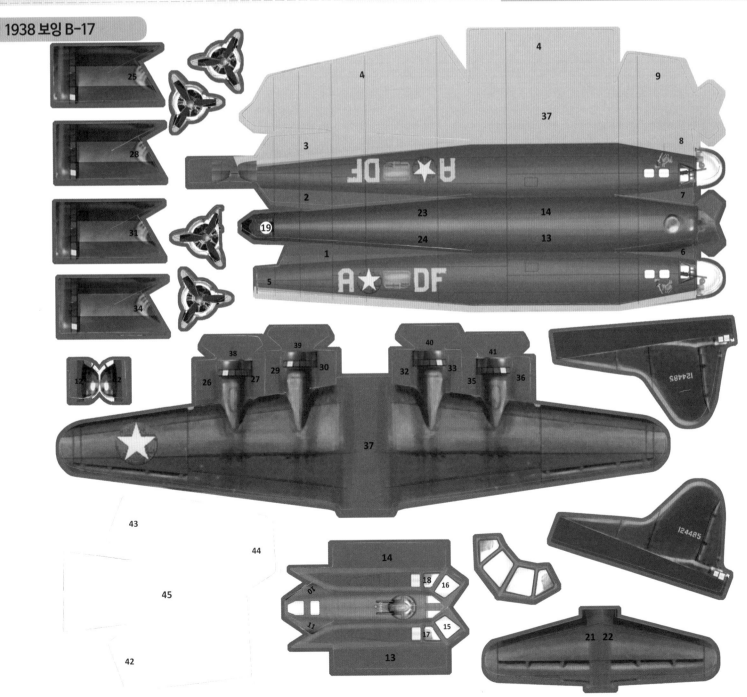

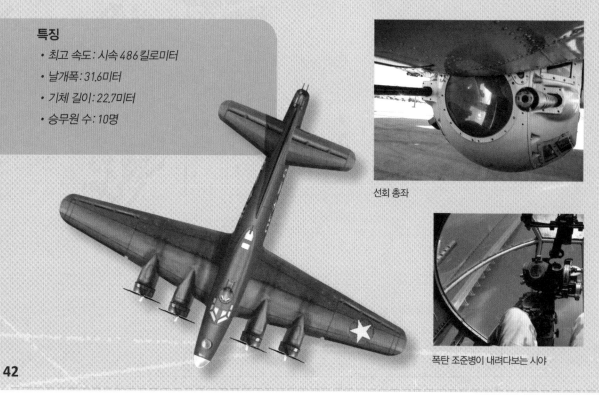

특징

- 최고 속도: 시속 486 킬로미터
- 날개폭: 31.6미터
- 기체 길이: 22.7미터
- 승무원 수: 10명

선회 총좌

보잉 B-17

지상의 공격으로부터 기체를 보호하기 위해 B-17에는 동체 밑에 설치된 선회 총좌에 많은 기관총을 배치했다. 이 총좌는 회전하여 적 전투기를 추적할 수 있었다. 선회 총좌의 사수는 비좁은 의자에 끼어 앉아 있어야 했기 때문에 체구가 작은 병사가 맡아야만 했다. 사수는 훌륭한 경치를 즐길 수는 있었으나, 일단 공중전이 시작되면 위험에 크게 노출되었다.

폭탄 조준병이 내려다보는 시야

42

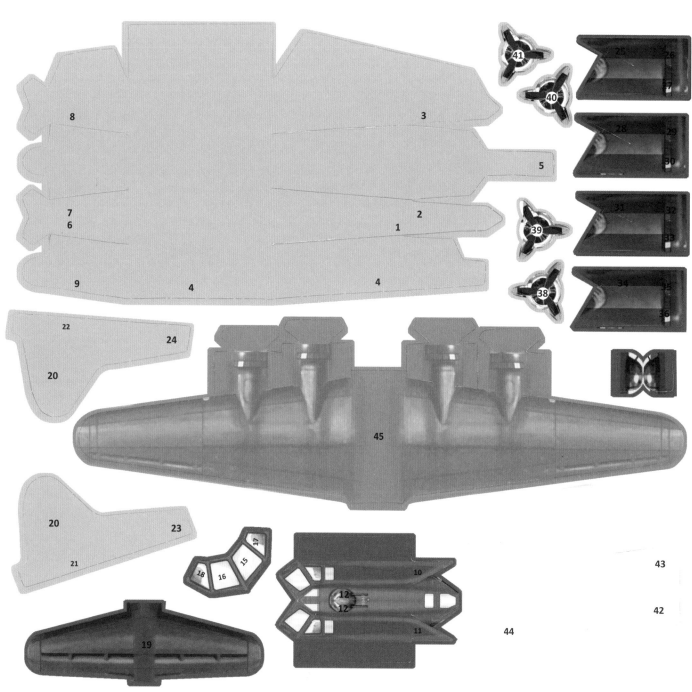

1938 슈퍼마린 스핏파이어 Supermarine Spitfire

날렵하고 최신식이고 금속으로 만들어진 스핏파이어 전투기는 1940년 유명한 '영국 본토 항공전(Battle of Britain, 독일 공군이 영국 본토에 상륙하기 위해 영국의 제공권을 장악하고자 벌인 작전–옮긴이)' 당시, 독일의 메서슈미트 BF 109를 격퇴할 전투기가 꼭 필요한 시점에 영국 공군에 합류되었다. 이 전투기의 독특한 타원형 날개에는 총 8대의 기관총을 장착할 수 있었고, 이 전투기를 몰아본 조종사들은, 공중전을 할 때 고속으로 방향 전환이 가능한 이 전투기의 작전 수행 능력을 높이 평가했다.

나중에 나온 많은 스핏파이어는 날개에 기관총 외에 대포도 장착했다.

43

1938 슈퍼마린 스핏파이어

특징

- 최고 속도 : 시속 575킬로미터
- 날개폭 : 9.8미터
- 기체 길이 : 9.1미터
- 승무원 수 : 1명

44

슈퍼마린 스핏파이어

스핏파이어가 성공한 비결 중의 하나는 12개의 실린더가 설치되어 있는, 롤스로이스 사가 제작한 멀린 엔진의 파워와 안정성이다. 영국 기술 공학의 승리라고 일컬어지는 이 멀린 엔진은 나중에 영국의 랭커스터 폭격기, 허리케인 전투기, 그리고 미국의 무스탕 전투기에도 사용되었다.

멀린 엔진을 제작하는 모습

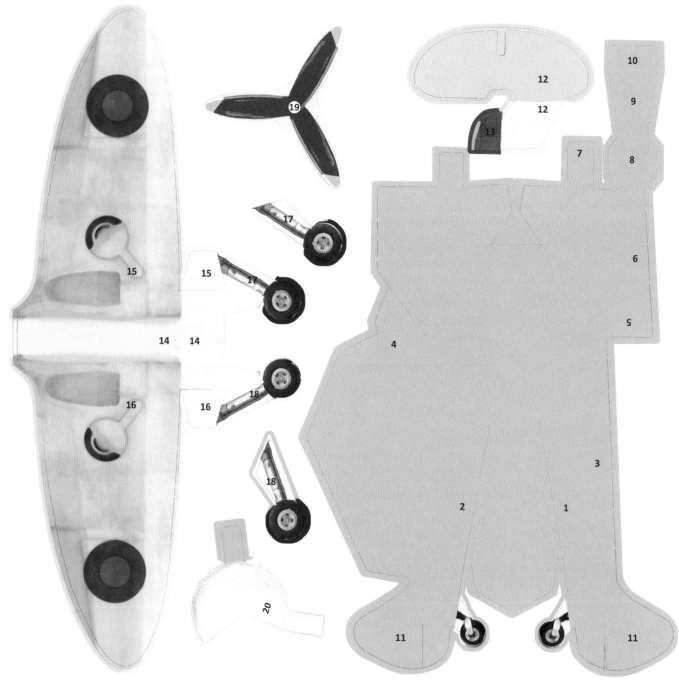

1940년대까지, 모든 정기 여객기들은 하늘에서 낮게 날았기 때문에 날씨의 영향을 많이 받았다. 항공사들은 고도를 높이고 싶었지만, 그러려면 승객들은 호흡 마스크를 써야만 했다. 하지만 스트라톨라이너의 객실은 밀폐되었고 기압이 정상적으로 유지되었기 때문에 승객들은 높은 고도에서도 부드럽고 편안하게 비행을 즐길 수 있었다.

TWA(트랜스월드 항공사)에 납품된 이 스트라톨라이너는 대서양에서 태평양까지, 미 대륙을 횡단하는 시간을 두 시간이나 단축시켰다.

45

1940 보잉 307 스트라톨라이너

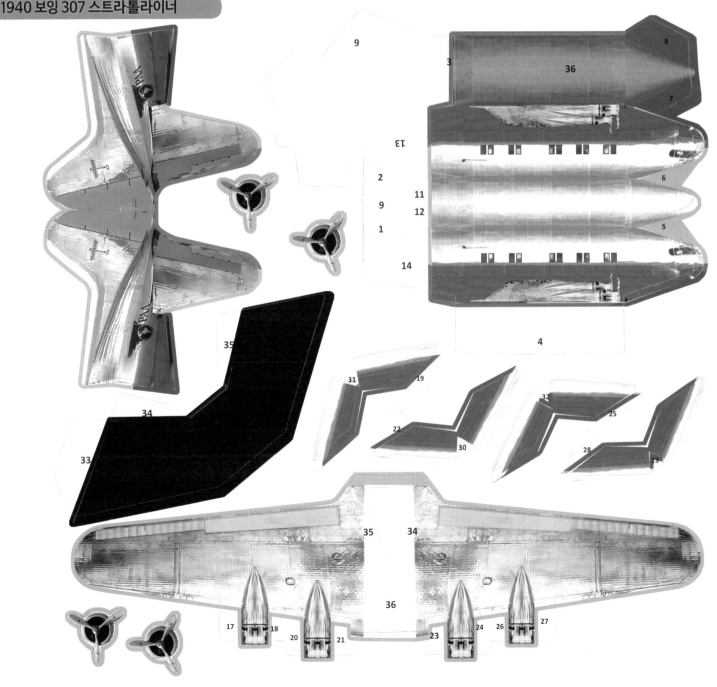

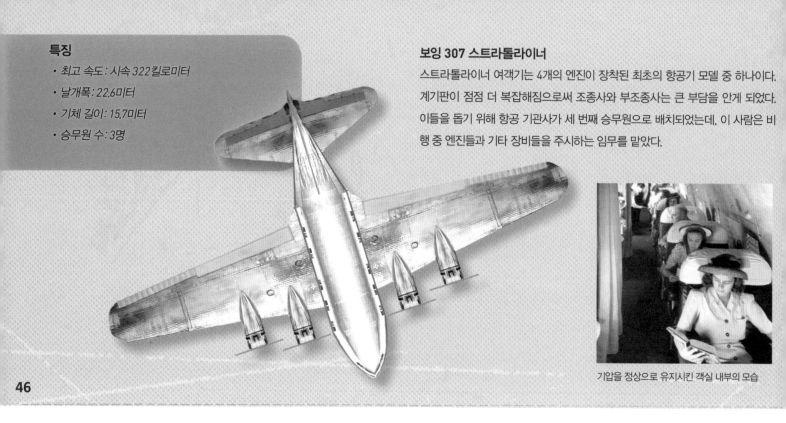

특징
- 최고 속도 : 시속 322킬로미터
- 날개폭 : 22.6미터
- 기체 길이 : 15.7미터
- 승무원 수 : 3명

보잉 307 스트라톨라이너
스트라톨라이너 여객기는 4개의 엔진이 장착된 최초의 항공기 모델 중 하나이다. 계기판이 점점 더 복잡해짐으로써 조종사와 부조종사는 큰 부담을 안게 되었다. 이들을 돕기 위해 항공 기관사가 세 번째 승무원으로 배치되었는데, 이 사람은 비행 중 엔진들과 기타 장비들을 주시하는 임무를 맡았다.

기압을 정상으로 유지시킨 객실 내부의 모습

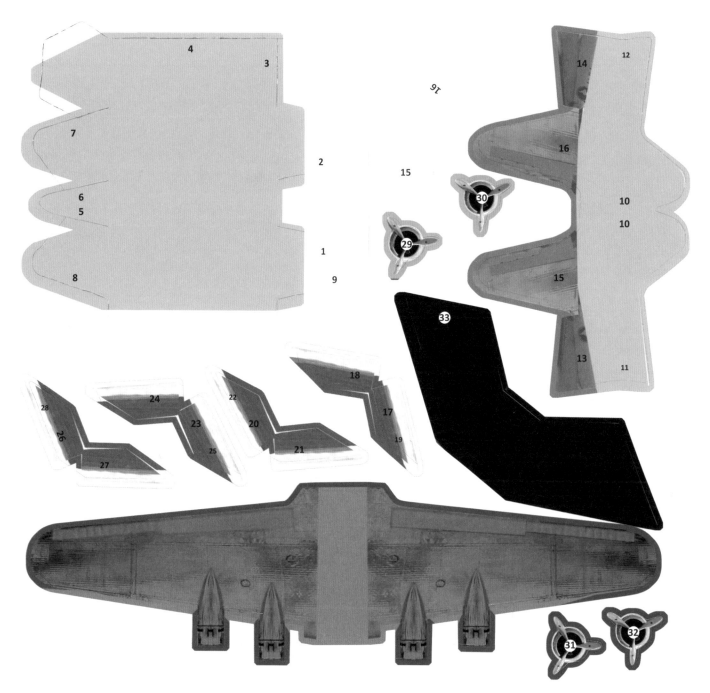

1941 글로스터 E28 Gloster E28

글로스터 E28은 영국 엔지니어인 프랭크 휘틀이 구상한 제트 추진 항공기를 테스트하기 위해 제작된 실험용 비행기였다. 비록 독일이 1939년에 이미 하인켈 HE 178 제트 비행기를 시험 비행했지만, 프로펠러 없는 항공기의 개념은 당시만 해도 경탄할 만한 것이었다. E28은 1941년 첫 비행을 했다.

E28 원형의 시험 비행은 나중에 글로스터 미티어 전투기의 개발로 이어졌다.

47

1941 글로스터 E28

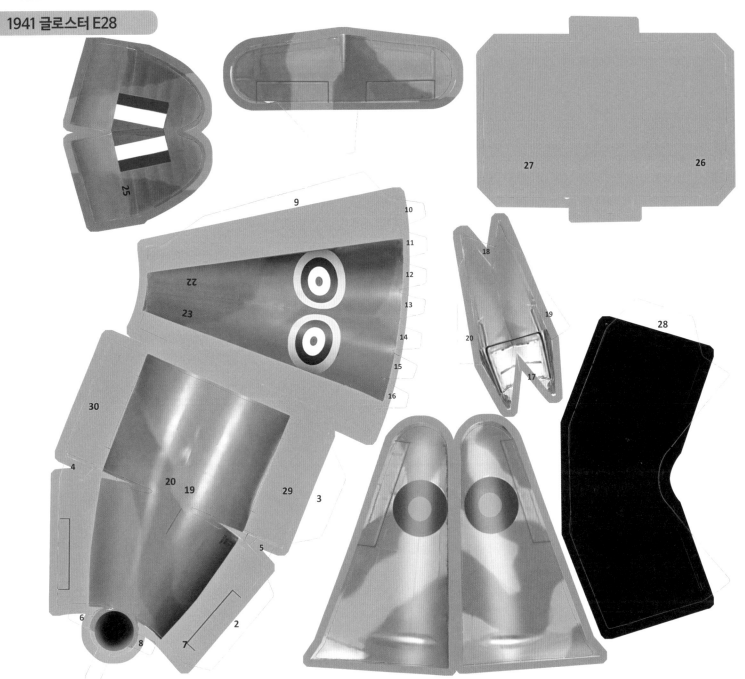

특징

- 최고 속도: 시속 544킬로미터
- 날개폭: 8.8미터
- 기체 길이: 7.7미터
- 승무원 수: 1명

휘틀이 설계한 터보제트 엔진

글로스터 E28

E28에 장착된 터보제트 엔진은 원시적인 형태였으나 상당히 효율적이었다. 전면에 있는 흡입구를 통해 들어간 공기가 압축되고 연료와 혼합되고 난 뒤, 점화되는 방식이었다. 이런 방식을 통해 후부 배기관을 통해 화염이 뿜어져 나오면서 E28을 앞으로 나가게 하는 엄청난 추진력을 발생시켰다.

48

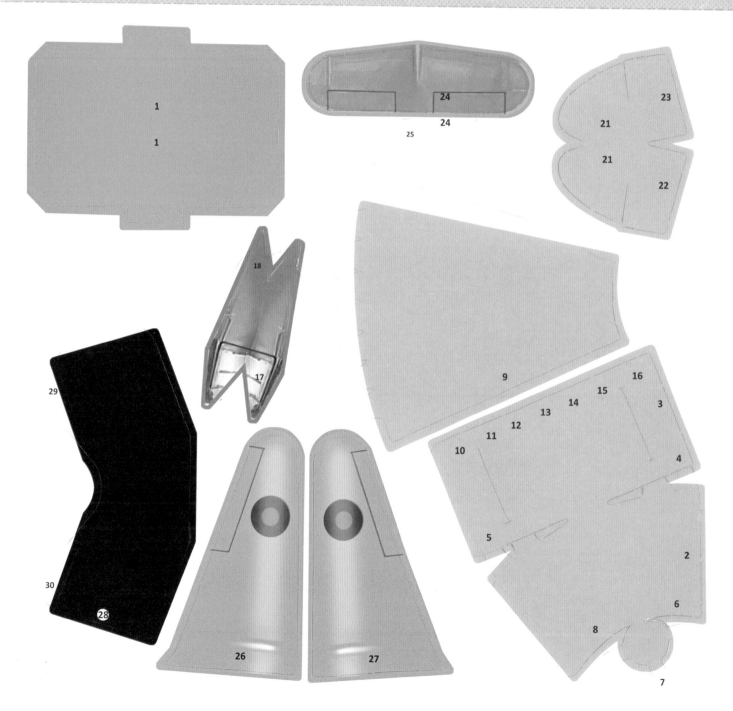

1942 애브로 랭커스터 Avro Lancaster

랭커스터 중폭격기는 제2차 세계대전 당시 독일에 야간 공습을 가하던 영국 공군이 주로 사용했다. 이 폭격기는 1943년에 있었던 과감한 "댐버스터스" 작전 때문에 더욱 유명해졌는데, 이 작전에서 영국 공군은 루르 지방의 댐에 물 표면에 맞고 튀어오르는 폭탄 세례를 퍼부었다.

지상 요원들이 랭커스터에 폭탄을 적재하고 있다. 이 폭격기는 최대 5.4톤의 폭탄을 실을 수 있었다.

49

1942 애브로 랭커스터

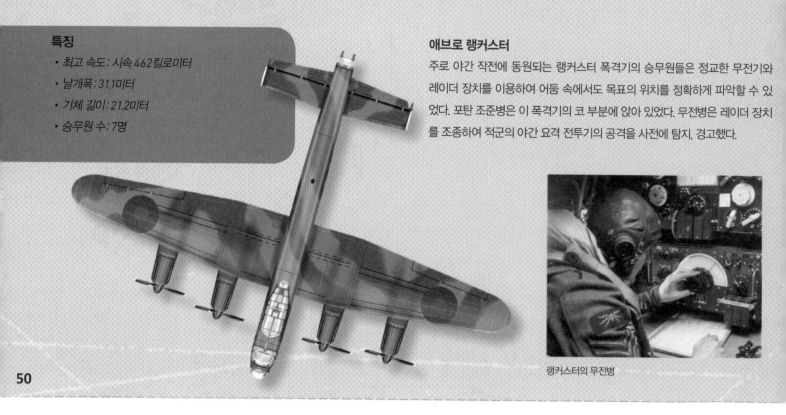

특징

- 최고 속도: 시속 462킬로미터
- 날개폭: 31.1미터
- 기체 길이: 21.2미터
- 승무원 수: 7명

애브로 랭커스터

주로 야간 작전에 동원되는 랭커스터 폭격기의 승무원들은 정교한 무전기와 레이더 장치를 이용하여 어둠 속에서도 목표의 위치를 정확하게 파악할 수 있었다. 포탄 조준병은 이 폭격기의 코 부분에 앉아 있었다. 무전병은 레이더 장치를 조종하여 적군의 야간 요격 전투기의 공격을 사전에 탐지, 경고했다.

랭커스터의 무전병

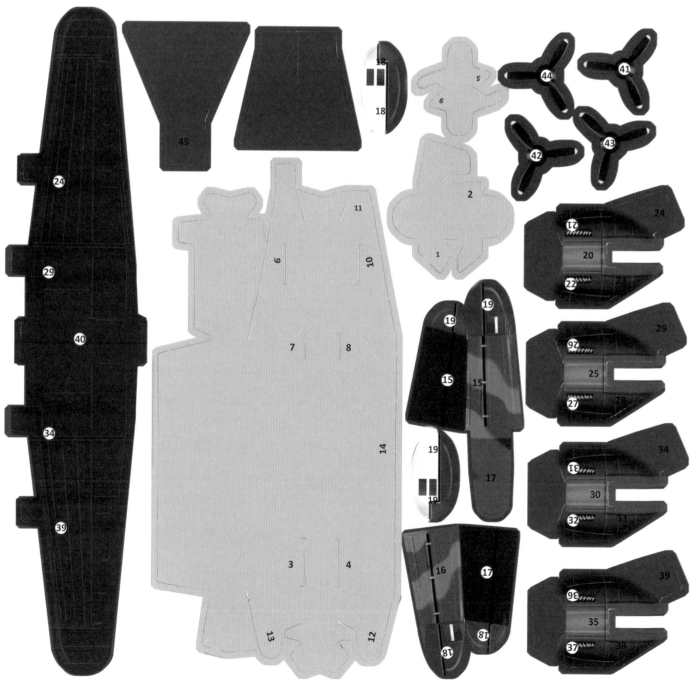

무스탕은 제2차 세계대전의 양상을 바꿔놓은 전투기였다. 기존의 어떤 전투기보다도 항속 거리가 긴 이 전투기는 독일 본토로 장거리 공습에 나서는 미군 폭격기들을 엄호하였고, 이를 요격하러 접근하는 적 전투기들을 효과적으로 격추시켰다. 이 전투기는 또 동체에 장착한 로켓과 폭탄으로 지상에 있는 적군과 탱크들을 공격하는 데에도 탁월한 능력을 발휘했다.

무스탕은 제2차 세계대전 당시, 연합군이 보유한 전투기 중 가장 뛰어난 전투기였다.

51

1942 노스 아메리칸 P-51 무스탕

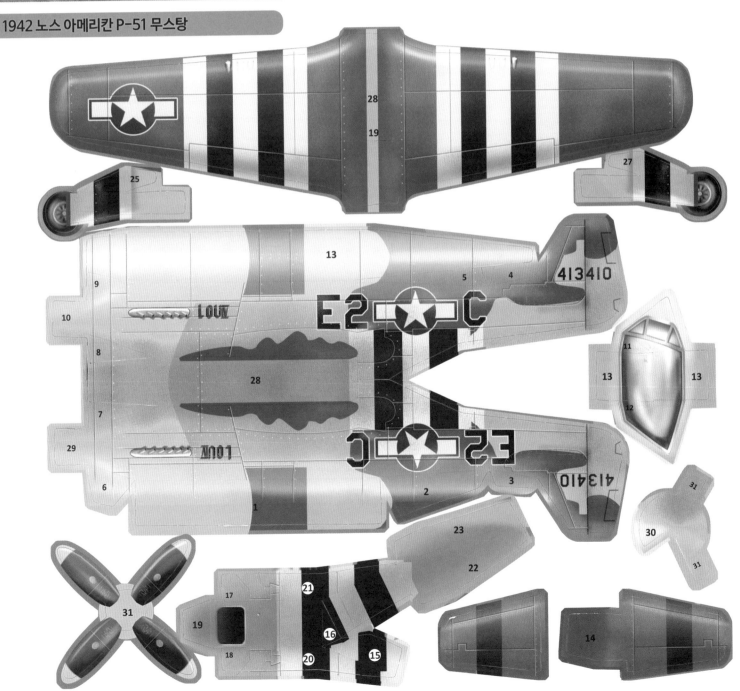

노스 아메리칸 P-51 무스탕

무스탕은 날개에 장착한 6문의 기관총으로 무장되어 있었다. 이것은 무스탕 전투기가 공중전에서 어떤 적기도 파괴할 수 있는 화력을 제공했다. 무스탕은 또 스핏파이어가 사용한 롤스로이스 사의 멀린 엔진을 달아, 프로펠러로 날아가는 독일의 어떤 항공기보다도 빨랐다.

날개에 장착된 기관총에 탄약을 장전하고 있다.

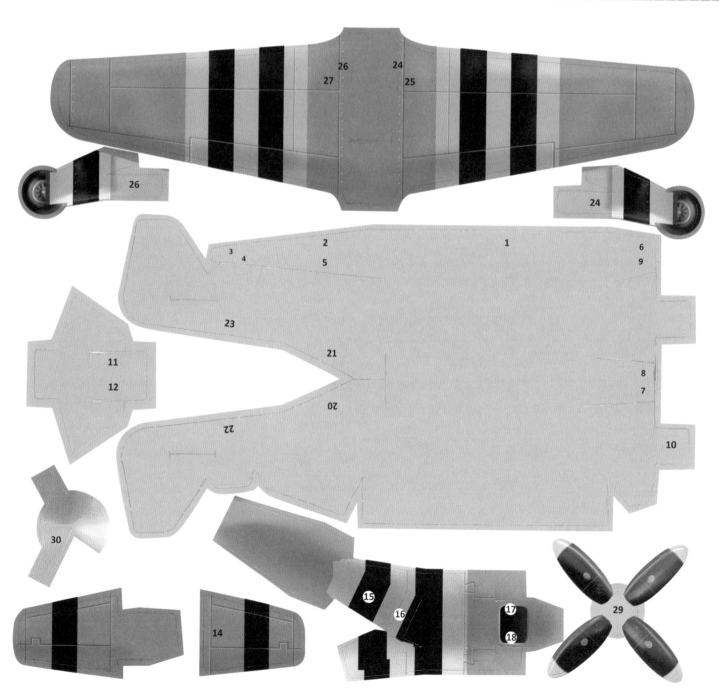

제2차 세계대전 당시, 미국과 일본의 항공모함이 격돌하는 대규모 전투가 태평양에서 종종 벌어졌다. 그루먼 헬캣은 미 해군과 해병대를 위해 제작된 전투기로서 항공모함의 갑판에서 출격하는 함재기였다. 1943년 필리핀 해에서 벌어진 해전에서 헬캣은 1주일에 총 400대가 넘는 일본 항공기를 격추했다.

헬캣 전투기는 항공모함 갑판의 협소한 공간에 탑재되어야 했기 때문에 날개가 접이식으로 설계되었다.

53

1943 그루먼 헬캣

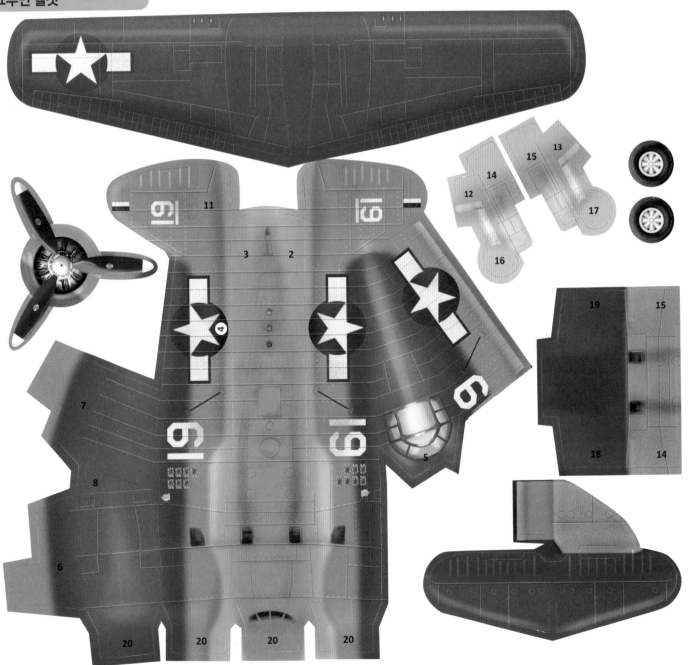

특징

- 최고 속도: 시속 612킬로미터
- 날개폭: 13미터
- 기체 길이: 10.2미터
- 승무원 수: 1명

그루먼 헬캣

헬캣의 단좌 조종실은 적기의 공격으로부터 조종사를 보호하기 위해 방탄 유리와 금속판으로 뒤덮여 있었다. 이 항공기를 비좁은 항공모함 갑판에 탑재할 때에는 날개를 뒤로 접었다. 헬캣은 보통 기관총과 기관포를 모두 장착한 채 작전에 나섰다.

헬캣 날개에 장착된 기관포들

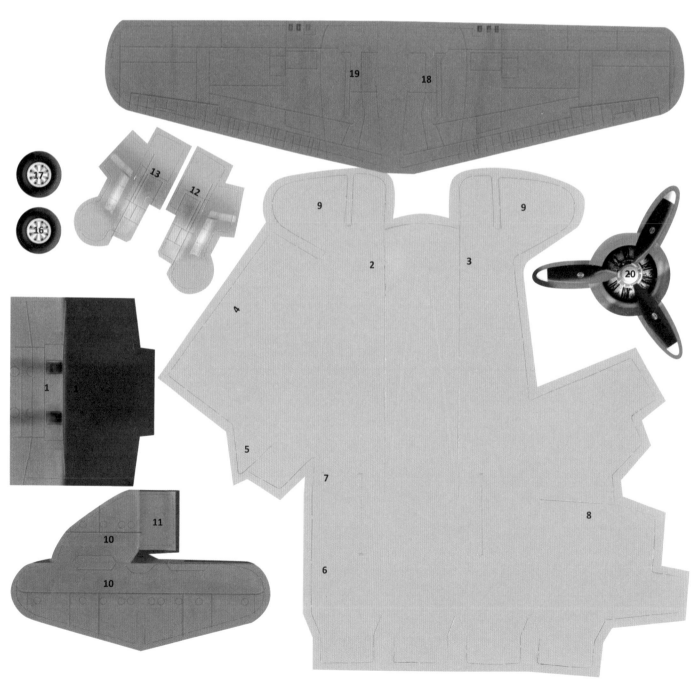

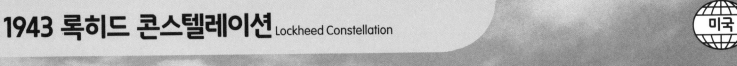
"코니"라는 애칭으로 불렸던 콘스텔레이션은 제2차 세계대전 이후, 대륙 간 항공 여행업계를 석권한, 품격 있고 매력적인 4발 엔진 프로펠러 여객기였다. 콘스텔레이션은 최초로 대서양 횡단 정기 여객 수송 서비스에 투입된 항공기이기도 하다.

코니는 독특한 쌍수직형 꼬리날개 때문에 쉽게 눈에 띄었다.

1943 록히드 콘스텔레이션

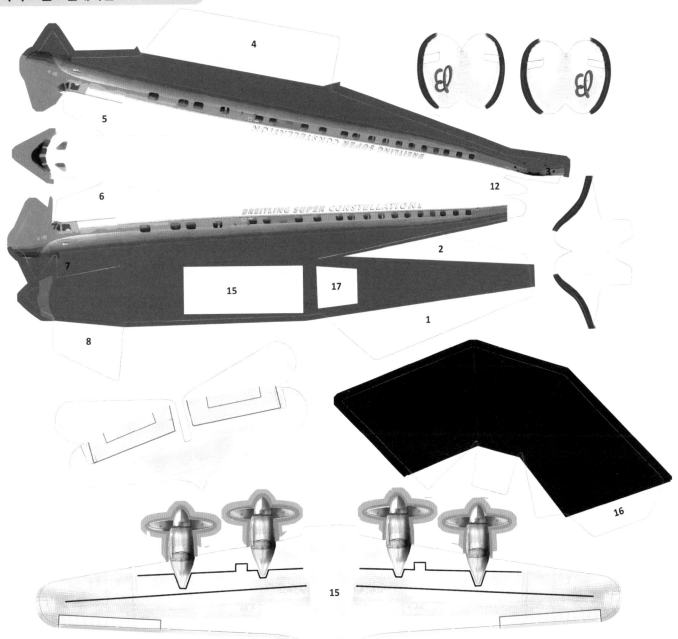

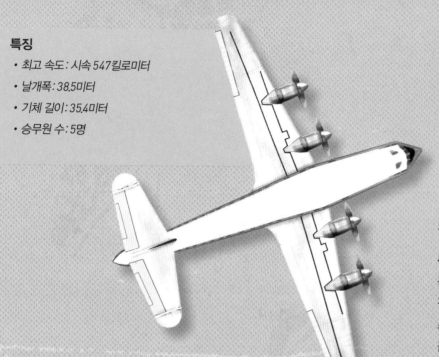

특징

- 최고 속도: 시속 547킬로미터
- 날개폭: 38.5미터
- 기체 길이: 35.4미터
- 승무원 수: 5명

코니의 승객용 좌석들

록히드 콘스텔레이션

콘스텔레이션의 티켓 값은 결코 싸지 않았다. 이 비행기의 유료 승객들은 편안한 좌석에 앉아 고급 서비스를 기대했고, 또 그런 서비스를 받았다. 당시만 해도 여행 시간이 상당히 길었기 때문에 이 고급 서비스의 제공은 특히 중요했다. 예컨대 1940년대 말에는 샌프란시스코에서 뉴욕까지 비행기로 11시간이나 걸렸다.

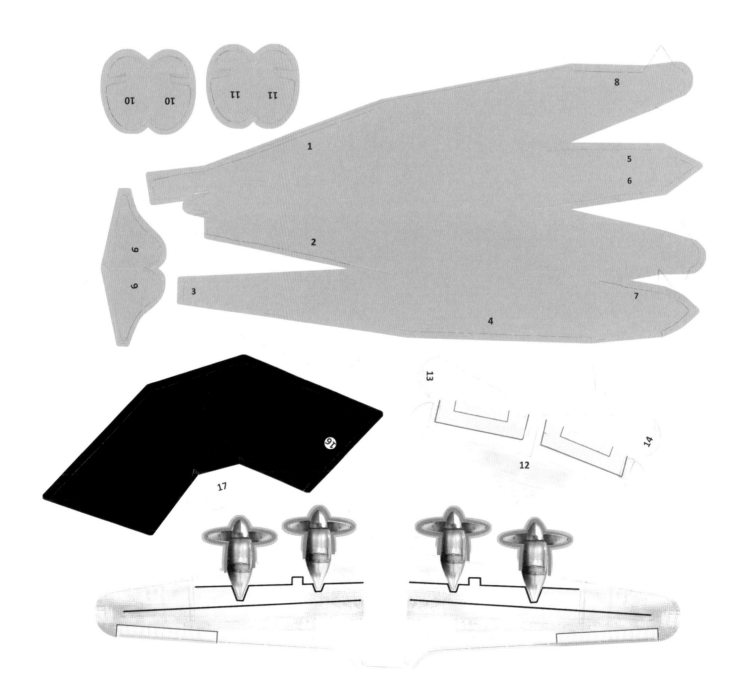

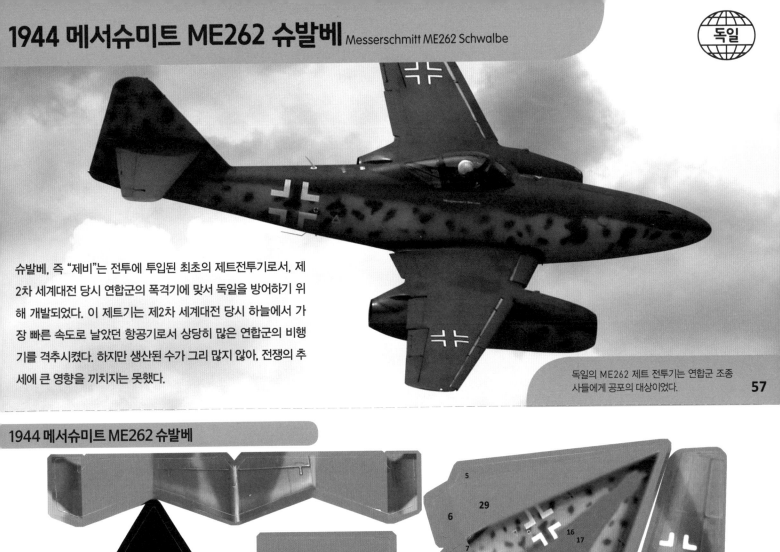

슈발베, 즉 "제비"는 전투에 투입된 최초의 제트전투기로서, 제2차 세계대전 당시 연합군의 폭격기에 맞서 독일을 방어하기 위해 개발되었다. 이 제트기는 제2차 세계대전 당시 하늘에서 가장 빠른 속도로 날았던 항공기로서 상당히 많은 연합군의 비행기를 격추시켰다. 하지만 생산된 수가 그리 많지 않아, 전쟁의 추세에 큰 영향을 끼치지는 못했다.

독일의 ME262 제트 전투기는 연합군 조종사들에게 공포의 대상이었다.

1944 메서슈미트 ME262 슈발베

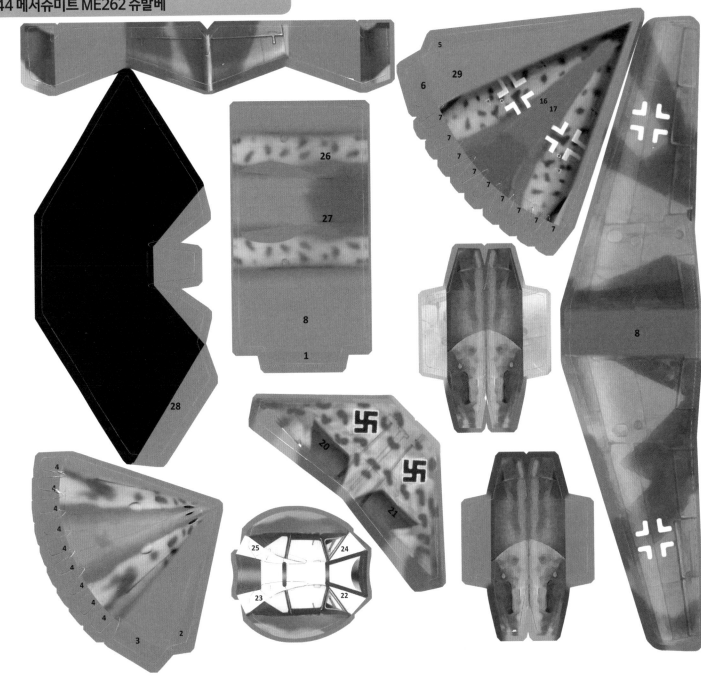

특징

- 최고 속도: 시속 870킬로미터
- 날개폭: 12.5미터
- 기체 길이: 10.6미터
- 승무원 수: 1명

메서슈미트 ME262 슈발베

ME262의 계기판은 기존에 운영되던 프로펠러 비행기의 계기판보다 더 발전된 형태는 아니었다. 이로 인해 고속으로 비행하는 제트기는 조종하기가 매우 까다로웠고, 안전하게 착륙하기는 더더욱 힘들었다. 그래서 독일은 매우 노련한 전투기 조종사들만 선발하여 ME262의 조종을 맡겼다.

슈발베 조종실의 계기판

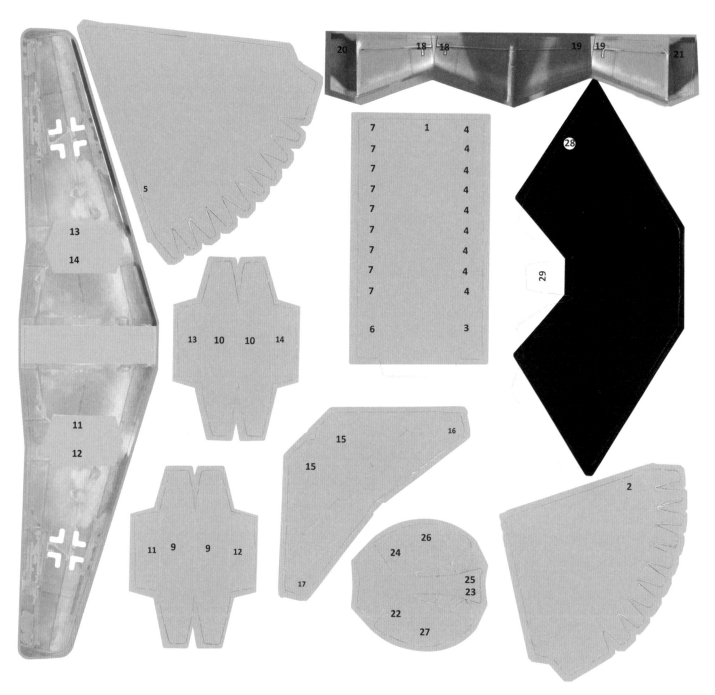

벨 X-1은 음속보다 빠른 속도로 비행한 최초의 비행기이다. 이것은 고속 비행의 효과를 테스트하기 위한 "날개 달린 총알"로서 제작되었다. 많은 사람들이 비행기가 음속을 돌파하면 비행기와 조종사, 둘 중 하나가 박살날 것이라고 생각했으나, 1947년 10월 14일 테스트 조종사인 척 예거(Chuck Yeager)는 그들의 생각이 틀렸음을 증명해 보였다.

척 예거는 벨 X-1에 아내의 이름을 따, "아름다운 글레니스"라는 애칭을 붙였다.

1947 벨 X-1

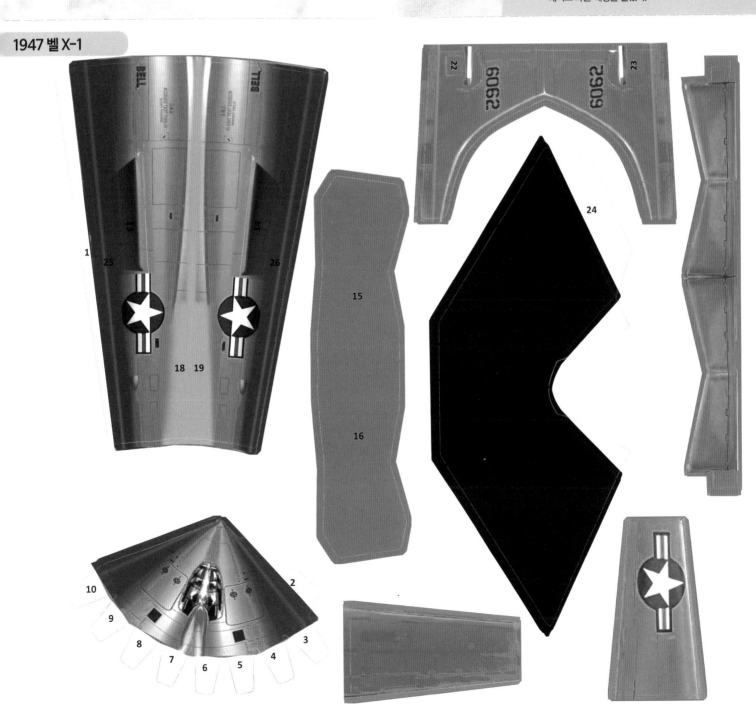

특징

- 최고 속도 : 시속 1556 킬로미터
- 날개폭 : 8.5미터
- 기체 길이 : 9.4미터
- 승무원 수 : 1명

X-1이 B-29 폭격기에 실리고 있다.

벨 X-1

벨 X-1은 시험 비행을 할 때 B-29 폭격기에 실려 높은 고도로 올라갔다가 폭탄이 투하되듯이 떨어뜨려졌다. X-1이 폭격기로부터 멀리 떨어지자, 조종사인 척 예거는 로켓 엔진에 시동을 걸었다. 이 비행기의 엔진은 알코올과 액체 산소를 연료로 사용했으며, 짧은 시간 안에 최고 속도까지 속도를 올릴 수 있었다.

60

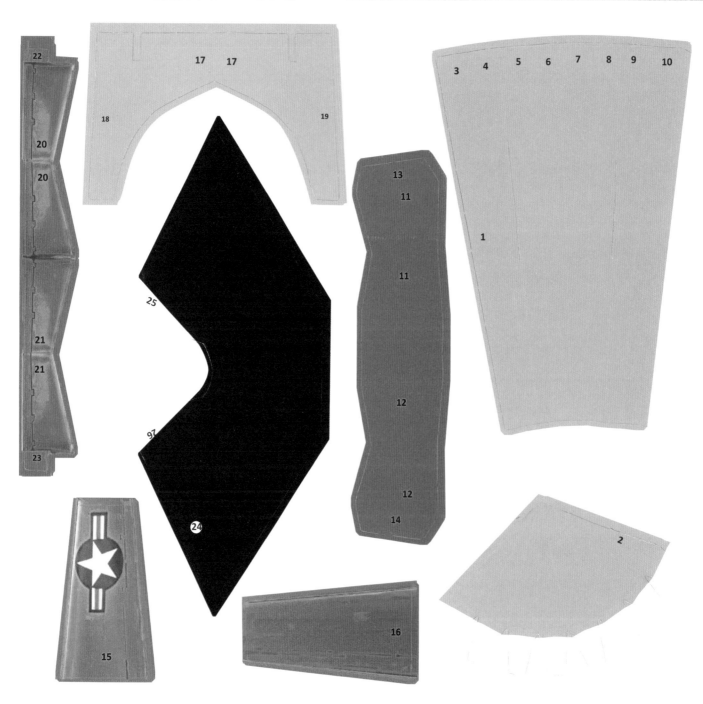

미국

하워드 휴즈가 만든 거대한 목재 비행기로서 "스프루스 구스"라는 애칭으로 더 많이 알려져 있는 이 비행기는 항공기 역사상 가장 유명한 실패작으로 꼽힌다. 휴즈는 제2차 세계대전 당시, 미군 병력을 대서양 너머로 실어 나르기 위한 비행정을 만들고자 했다. 하지만 이 비행정은 전쟁이 끝나고 2년이 지나서야 건조되었다. 실제로 제작된 H-4는 단 한 대뿐이었다.

스프루스 구스는 하워드 휴즈가 조종간을 잡고 단 한 번의 짧은 비행을 실시한 뒤, 역사 속으로 사라져 버렸다.

1947 휴즈 H-4 허큘리스

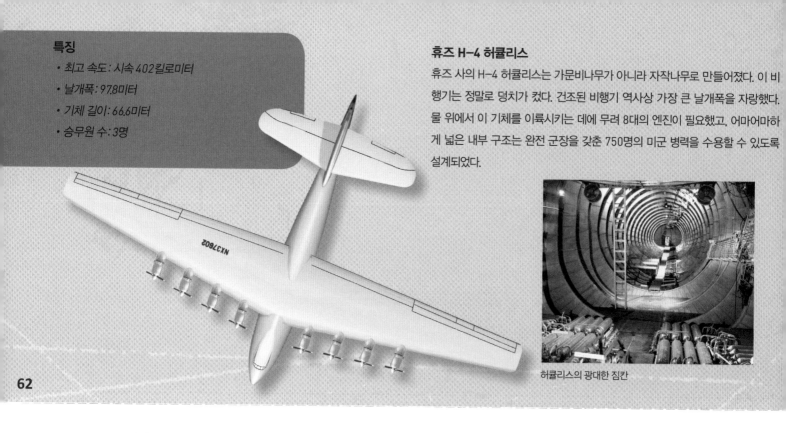

특징

- 최고 속도: 시속 402킬로미터
- 날개폭: 97.8미터
- 기체 길이: 66.6미터
- 승무원 수: 3명

휴즈 H-4 허큘리스

휴즈 사의 H-4 허큘리스는 가문비나무가 아니라 자작나무로 만들어졌다. 이 비행기는 정말로 덩치가 컸다. 건조된 비행기 역사상 가장 큰 날개폭을 자랑했다. 물 위에서 이 기체를 이륙시키는 데에 무려 8대의 엔진이 필요했고, 어마어마하게 넓은 내부 구조는 완전 군장을 갖춘 750명의 미군 병력을 수용할 수 있도록 설계되었다.

허큘리스의 광대한 짐칸

62

1949 미코얀-구레비치 미그-15 Mikoyan-Gurevich Mig-15

미그 15는 제2차 세계대전 이후에 취역한 1세대 제트전투기에 속한다. 이 전투기에는 컴퓨터를 비롯한 정교한 장치들이 장착돼 있지 않아서, 평화 시에도 이 비행기를 조종하는 것은 힘든 과제였다. 한국전쟁 당시, 미그 15는 미공군의 F-86 사브레와 치열한 공중전을 벌였는데, 이것은 제트기끼리 자웅을 겨룬 최초의 공중전이었다.

최초의 우주비행사로 유명한 유리 가가린도 미그 전투기를 몰았던 조종사였다.

63

1949 미코얀-구레비치 미그-15

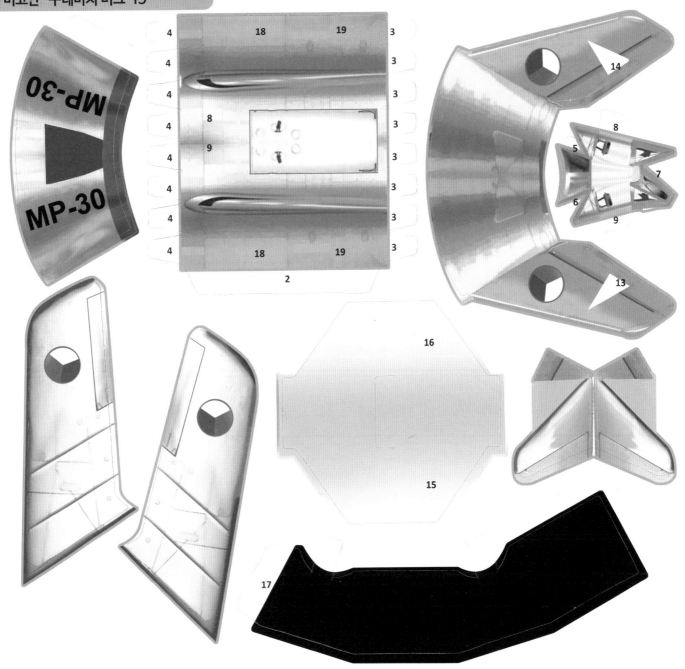

특징

- 최고 속도 : 시속 1073킬로미터
- 날개폭 : 9.6미터
- 기체 길이 : 11.3미터
- 승무원 수 : 1명

미코얀-구레비치 미그-15

미그 15는 단순하고 핵심 기능만 갖춘 전투기로 설계되었으며, 날개는 후퇴익(비행기 날개의 앞 가장자리의 선이 끝으로 갈수록 뒤로 쳐져 있는 모양의 날개-옮긴이) 형태로 제작되었다. 네 개의 엔진의 가동에 필요한 공기 흡입구는 기체의 코 부분에 있었으며, 엔진은 원래 영국 회사인 롤스로이스 사가 제작했다. 항공기를 전방으로 추진한 뜨거운 가스는 꼬리에서 밖으로 배출되었다. 따라서 조종사는 사실상 공기 흡입구와 배출구를 형성하는 긴 파이프 위에 앉아 있는 셈이었다.

미그 15의 공기 흡입구

64

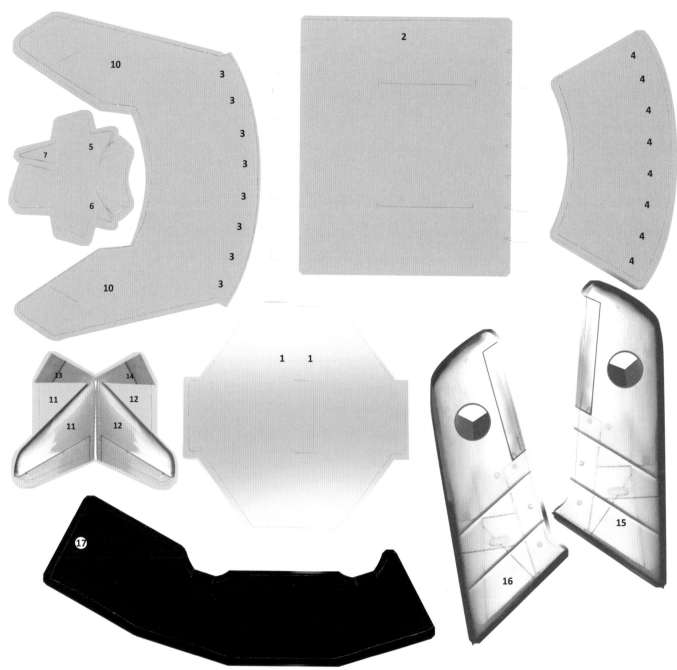

1949 테일러 비행자동차 Taylor Aerocar

도로에서 자동차로도 사용할 수 있는 비행기의 개념은 상당히 매력적이다. 몰턴 테일러가 설계했던 비행자동차(에어로카)는 잘하면 실현 가능성이 있는 제안이 될 뻔했다. 자동차 모드일 때에는 접힌 날개와 뒤편의 날개를 떼어내고, 비행장에 도착하면 5분 안에 이 자동차를 비행기로 바꾸면 된다. 총 6대가 제작되었다.

비행자동차가 비행하는 모습은 놀라운 광경이었다. 자동차 몸체가 비행 시에는 조종실로 사용된다.

1949 테일러 비행자동차

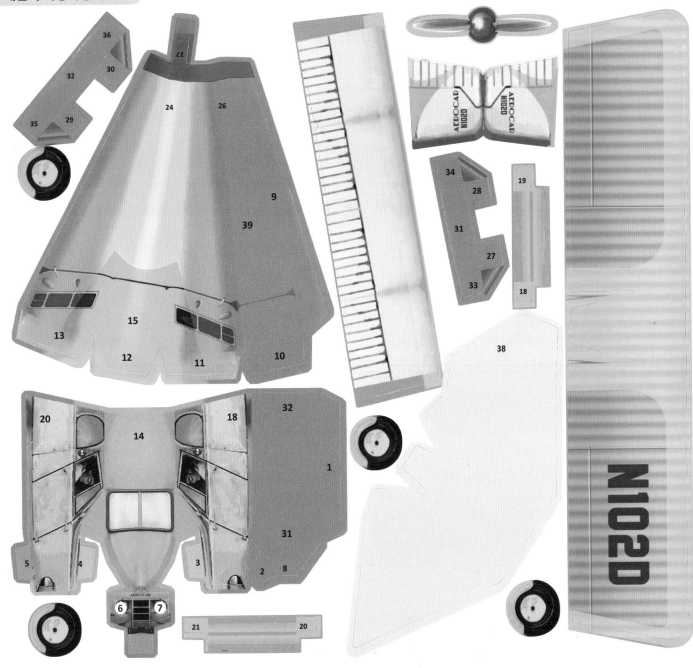

특징

- 최고 속도: 시속 188킬로미터
- 날개폭: 10.4미터
- 기체 길이: 6.6미터
- 승무원 수: 1명

테일러 비행자동차

자동차의 몸통은 비행 시 조종실이 된다. 비행자동차의 두 가지 기능에 동력을 제공하는 엔진은 하나인데, 지상에서 달릴 때에는 바퀴에 연결되고, 비행을 할 때에는 기체의 뒷부분에 장착된 프로펠러에 연결된다. 비행자동차는 이상 없이 작동되었으나, 상업적으로는 성공을 거두지 못했다. 애석하게도 비행자동차는 자동차로서도 2류, 비행기로서도 2류라는 평가를 받았다.

66

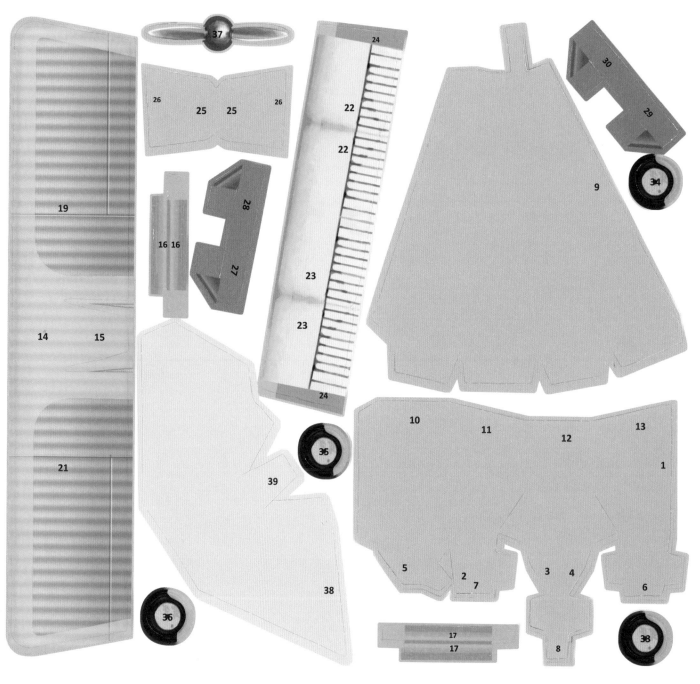

코멧 여객기는 세계 최초의 정기 제트여객기였다. 빠르고 멋진 이 여객기는 원인을 알 수 없는 일련의 폭발 사고 때문에 지상에 발이 묶이기 전까지는, 성공이 보장된 것으로 보였다. 나중에서야 금속 피로(금속 재료에 반복응력(反復應力)이 생길 때 그 강도가 저하되는 현상-옮긴이)가 문제의 원인으로 밝혀졌고, 코멧이 운항을 재개할 즈음에는 보잉 707 같은 첨단 제트여객기가 이미 주도권을 쥔 상태였다.

코멧은 당시만 해도 최첨단 기술이 집약된 멋진 항공기였다.

67

1952 드 하빌랜드 코멧

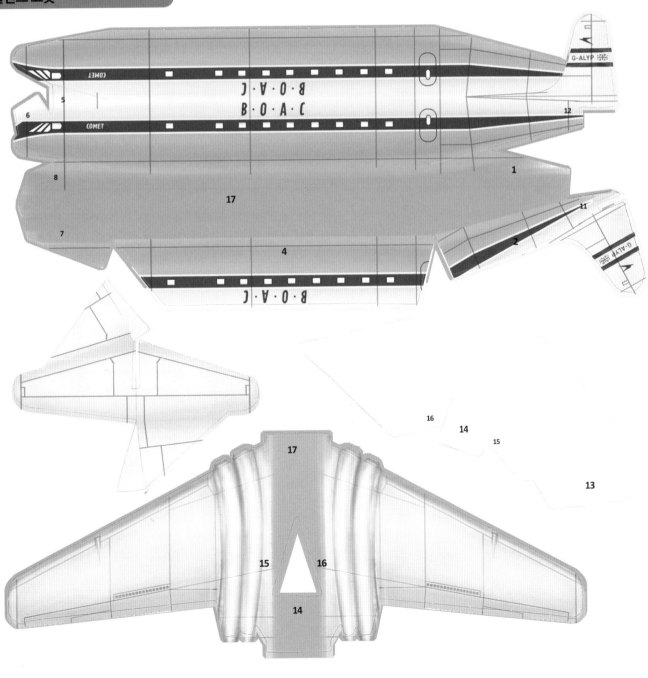

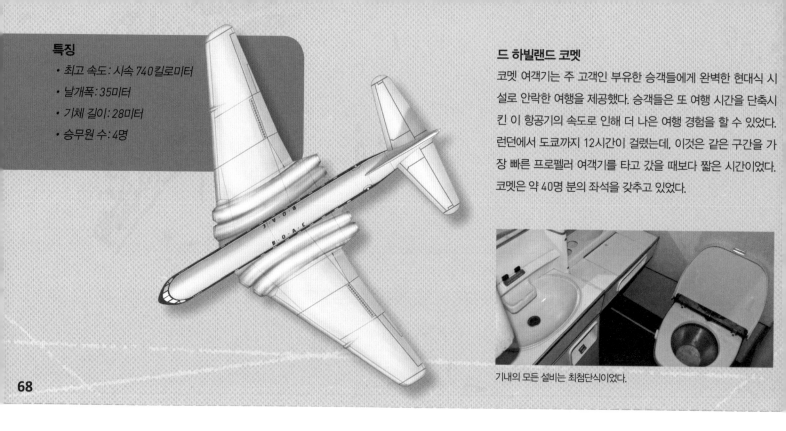

특징

- 최고 속도: 시속 740킬로미터
- 날개폭: 35미터
- 기체 길이: 28미터
- 승무원 수: 4명

드 하빌랜드 코멧

코멧 여객기는 주 고객인 부유한 승객들에게 완벽한 현대식 시설로 안락한 여행을 제공했다. 승객들은 또 여행 시간을 단축시킨 이 항공기의 속도로 인해 더 나은 여행 경험을 할 수 있었다. 런던에서 도쿄까지 12시간이 걸렸는데, 이것은 같은 구간을 가장 빠른 프로펠러 여객기를 타고 갔을 때보다 짧은 시간이었다. 코멧은 약 40명 분의 좌석을 갖추고 있었다.

기내의 모든 설비는 최첨단식이었다.

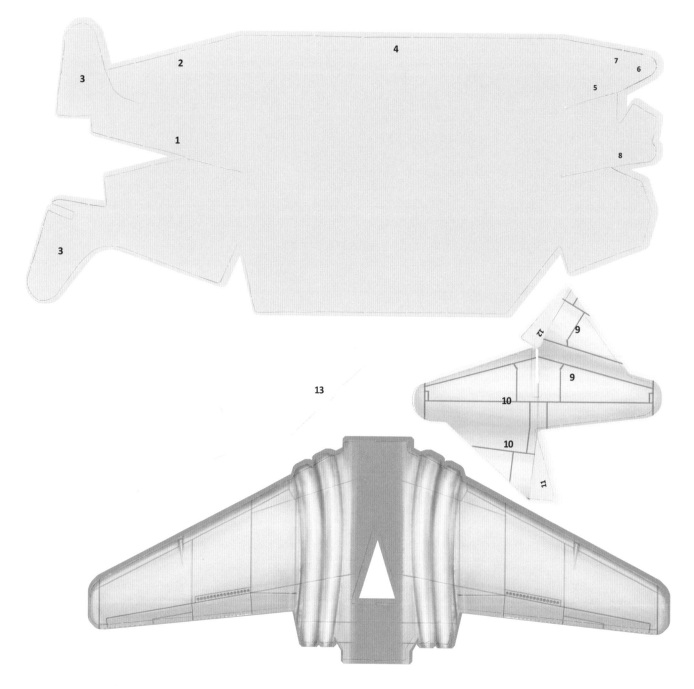

B-52 스트래토포트리스(Stratofortress, 미 공군이 운영하는 B-52 폭격기의 애칭으로 '하늘을 나는 요새'라는 뜻-옮긴이)만큼 장수를 누리는 항공기도 없을 것이다. 이 폭격기는 첫 번째 비행을 한 지 60년이 지난 지금도 최전선에서 왕성하게 활약하고 있다. B-52는 베트남 전쟁 당시에 폭탄을 투하할 때, 또 이라크 전쟁 때에는 크루즈 미사일을 발사할 때 투입되었다.

B-52 폭격기가 자체에 실을 수 있는 많고 다양한 탄약을 늘어놓은 채 위용을 자랑하고 있다.

69

1952 보잉 B-52 폭격기

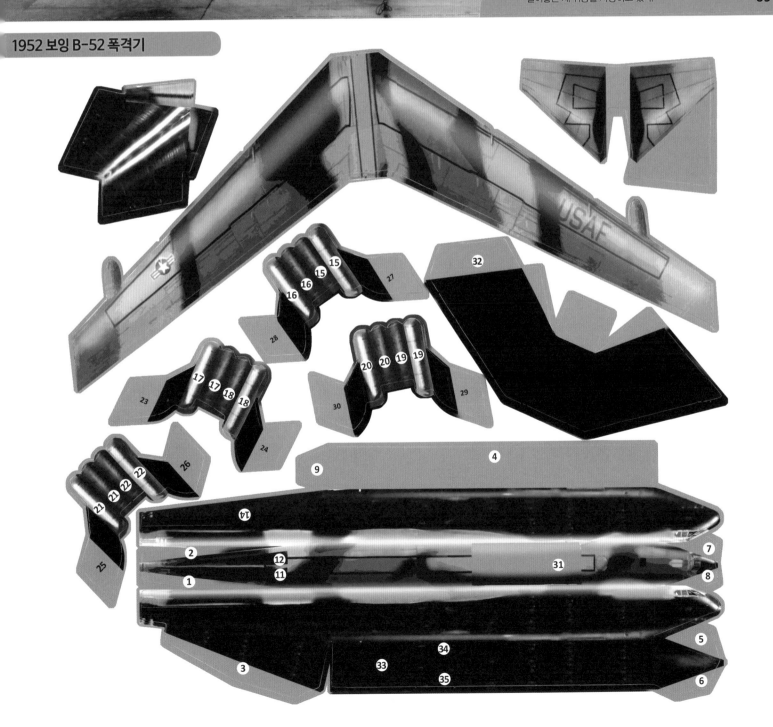

B-52 폭격기가 재래식 폭탄을 투하하고 있다.

보잉 B-52 폭격기

B-52 폭격기에는 8대의 터보제트 엔진이 장착되어 있는데, 이 엔진들은 후퇴익 형태의 긴 날개 앞쪽 가장자리 밑에 설치된 4개의 타원형 엔진룸에 들어 있다. 이 엔진들이 내는 추진력은 어마어마해서, 총 57톤에 달한다. 날개는 가변성이 뛰어나며, 각 날개의 끝에는 여분의 바퀴가 달려 있어 이착륙 시 기체를 받쳐주는 역할을 한다.

70

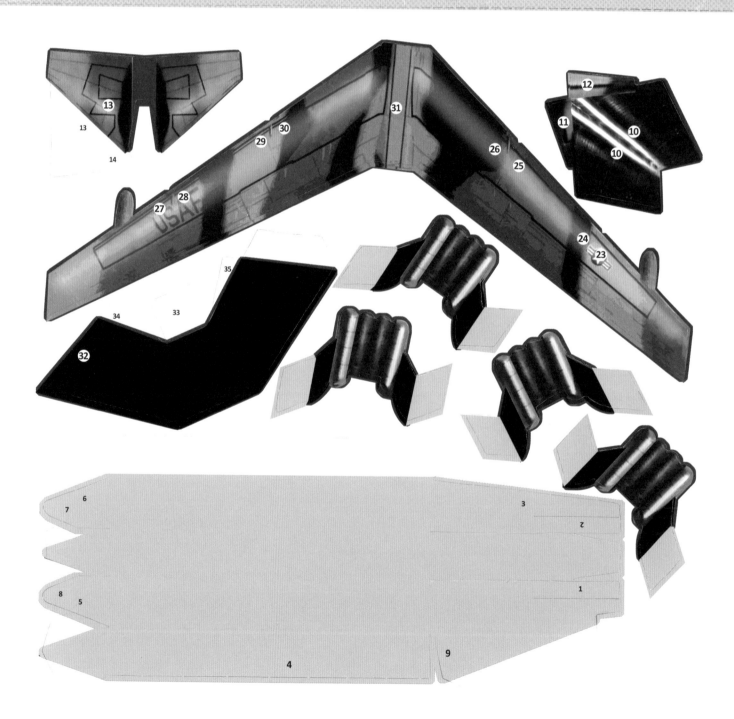

1955 록히드 U-2 Lockheed U-2

냉전 시대에, 미 CIA는 스파이 비행기인 U-2를 이용하여 소련 내 군사기지를 촬영하는 비밀 비행 임무를 수행했다. 이 비행기는 소련의 미사일을 피할 수 있도록 매우 높은 고도에서도 비행할 수 있게 설계되었다. 하지만 1960년 U-2는 격추되었고, 조종사는 체포되었다. 2년 뒤, U-2는 소련이 쿠바에 핵미사일을 설치하는 모습을 포착하였는데, 이것이 쿠바 미사일의 위기를 촉발했다.

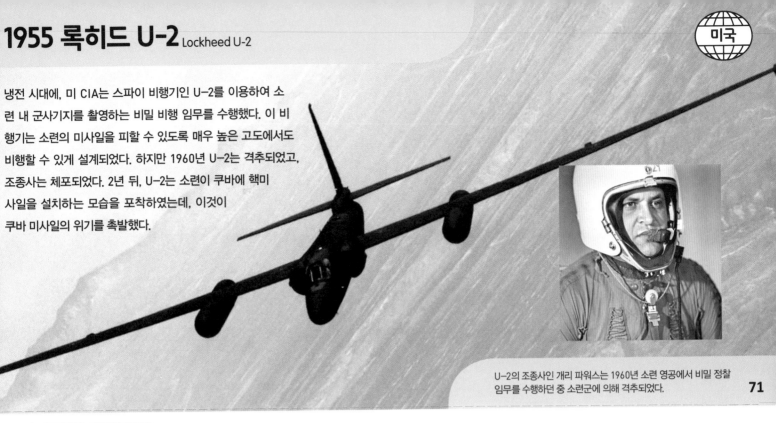

U-2의 조종사인 개리 파워스는 1960년 소련 영공에서 비밀 정찰 임무를 수행하던 중 소련군에 의해 격추되었다.

1955 록히드 U-2

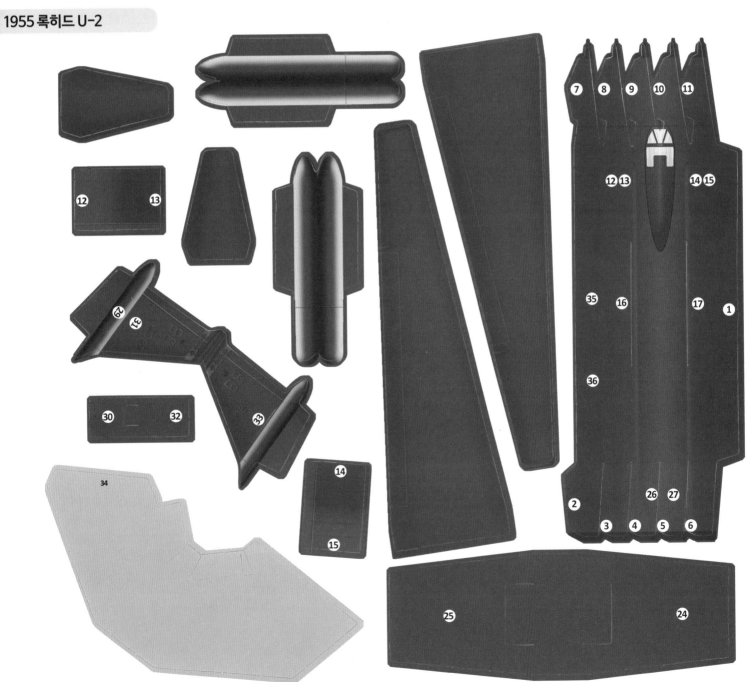

특징

- 최고 속도: 시속 805킬로미터
- 날개폭: 31.4미터
- 기체 길이: 19.5미터
- 승무원 수: 1명

록히드 U-2

U-2에는 매우 높은 고도에서도 지상을 촬영할 수 있는 카메라가 장착되어 있었는데, 이 카메라는 조종실의 조종사가 작동했다. U-2는 글라이더처럼 설계되었지만, 제트 엔진이 달려 있었으며, 무려 2만 미터 상공에서도 비행이 가능했다. 이 비행기의 기능은 그 후 인공위성이 대부분 떠맡게 되었지만, U-2는 21세기인 지금도 현역에서 왕성하게 활동하고 있다.

첨단 장비들을 제어하는 계기판

애브로 사의 벌컨 폭격기는 영국의 "V 폭격기" 부대의 일원으로, 냉전 시대에 소련에 대항하여 핵 공격을 수행할 수 있도록 설계되었다. 이 폭격기의 가장 놀라운 특징은 1950년대에만 해도 최첨단 설계 방식으로 간주되었던 삼각익(평면형의 삼각형을 이룬 날개–옮긴이)이다. 벌컨 폭격기는 1982년 영국과 아르헨티나가 격돌한 포클랜드 전쟁 때 재래식 폭탄을 투하한 작전에 단 한 차례 투입되었다.

벌컨 폭격기는 영국의 핵 억지력 중 일부를 담당한 매우 중요한 요소였다.

73

1956 애브로 벌컨 폭격기

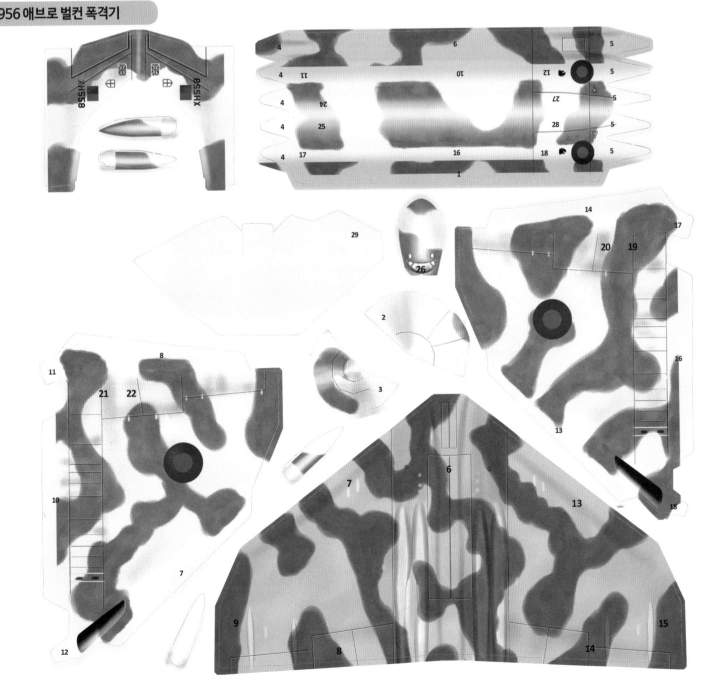

특징

- 최고 속도: 시속 1030 킬로미터
- 날개폭: 34미터
- 기체 길이: 30.5미터
- 승무원 수: 5명

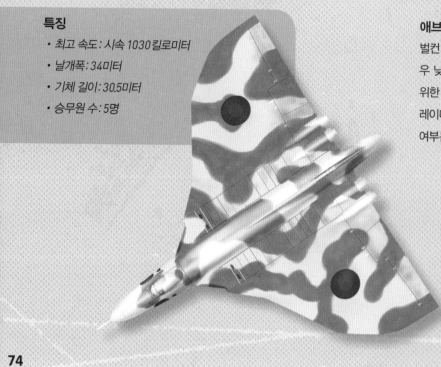

애브로 벌컨 폭격기

벌컨 폭격기에는 총포나 방어용 미사일이 장착되어 있지 않았다. 이 항공기는 매우 낮은 고도로 비행하여, 가공할 전력을 갖춘 소련 방공망을 은밀히 침투하기 위한 용도로 제작되었다. 작전 시 승무원들은 전자 방해 장치 등을 이용해 적의 레이더와 미사일 유도 시스템을 무력화했으나, 이 전술이 실전에서 통했는지의 여부는 한 번도 시험된 적이 없었다.

벌컨을 몰고 있는 조종사와 부조종사

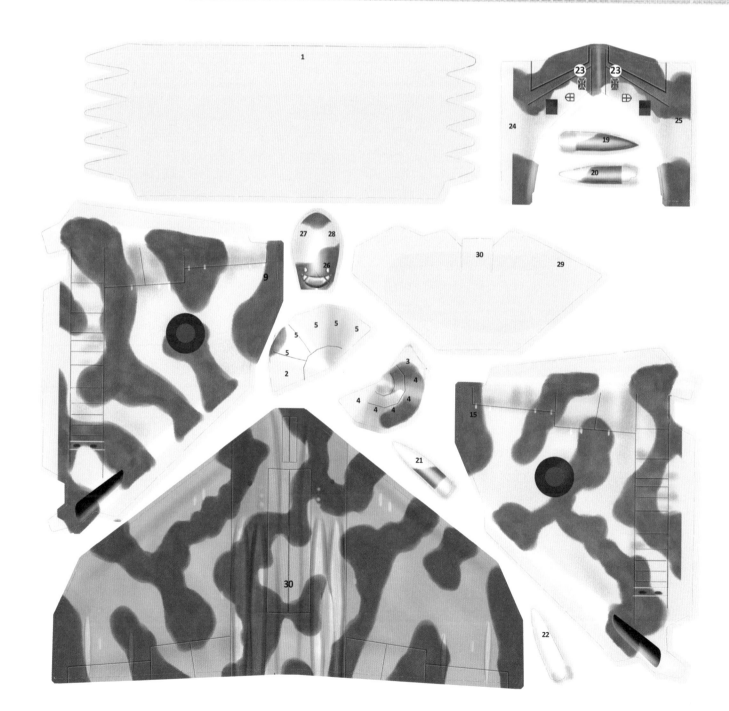

X-15는 미 공군과 NASA(미항공우주국)가 지구 대기권과 우주 영역의 경계선에서 고속 비행하는 방법을 공동으로 연구하기 위해 개발한 실험기였다. 로켓 엔진으로 추진력을 얻는 X-15는 시속 7,200킬로미터의 최고 속도를 기록함으로써, 역사상 가장 빠른 유인 비행기로 기록되었다. 이 비행기가 비행한 최고 고도는 지구 표면 위로 107킬로미터 올라간 지점인데, 이 정도의 고도로 비행을 했다면 어떤 기준을 적용한다 해도 우주 비행으로서 손색이 없었다.

X-15는 쐐기형 꼬리 덕분에 이 항공기의 제작 목적인 초고도 비행 시에도 안정감을 유지할 수 있었다.

75

1959 노스 아메리칸 X-15

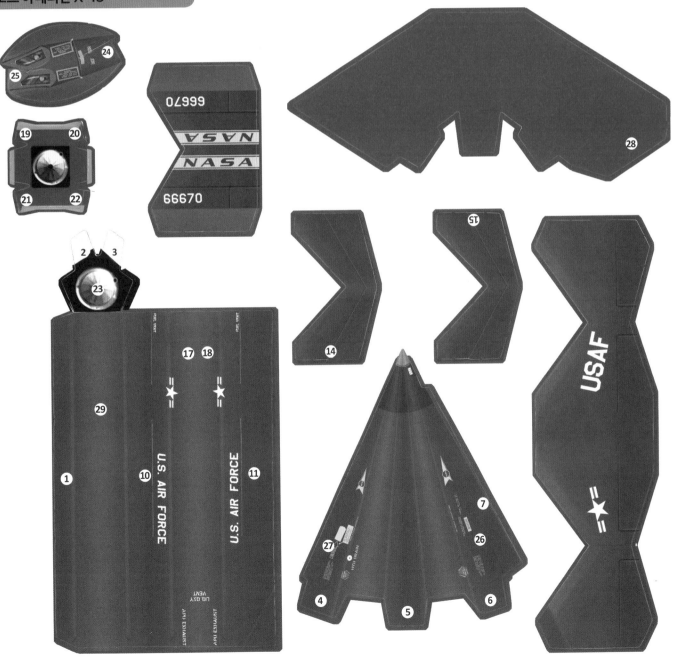

특징

- 최고 속도: 시속 7273킬로미터
- 날개폭: 6.7미터
- 기체 길이: 15.5미터
- 승무원 수: 1명

노스 아메리칸 X-15

X-15에는 제트 엔진이 아니라 로켓 엔진이 장착되어 있었다. 제트 엔진은 "공기 흡입형" 엔진, 즉 공기가 있어야 하므로, X-15가 도달하는 지구 대기권 외곽의 고도에서는 제 기능을 발휘하지 못했다. 그러나 로켓 엔진은 연료가 급속히 소모된다는 단점이 있지만, 항공기는 짧은 시간에 엄청난 가속을 낼 수 있다.

X-15에 장착된 로켓 엔진

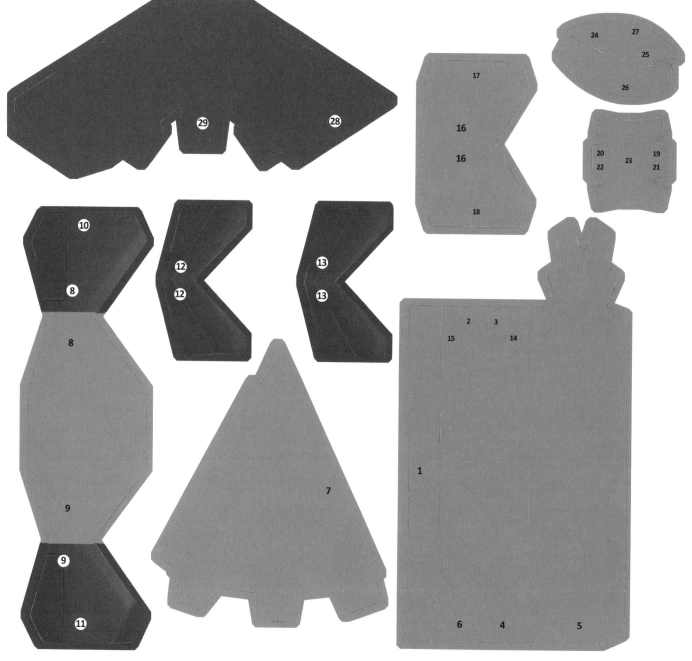

1960년대에 리어제트기의 소유는 그 사람이 부와 명성을 갖고 있다는 사실을 확인시켜주는, 일종의 사회적 신분의 상징이었다. 발명가이자 사업가인 빌 리어는 제트여객기처럼 빠른 속도로 비행하는 민간 여객기를 개발해냈다. 1965년 모델인 리어제트기 24호는 50시간이 조금 넘는 짧은 시간에 세계를 한 바퀴 돌았다.

명품 디자인으로 손꼽히는 리어제트기는 전투기의 외양에서 영향을 받았다.

1963 리어제트기

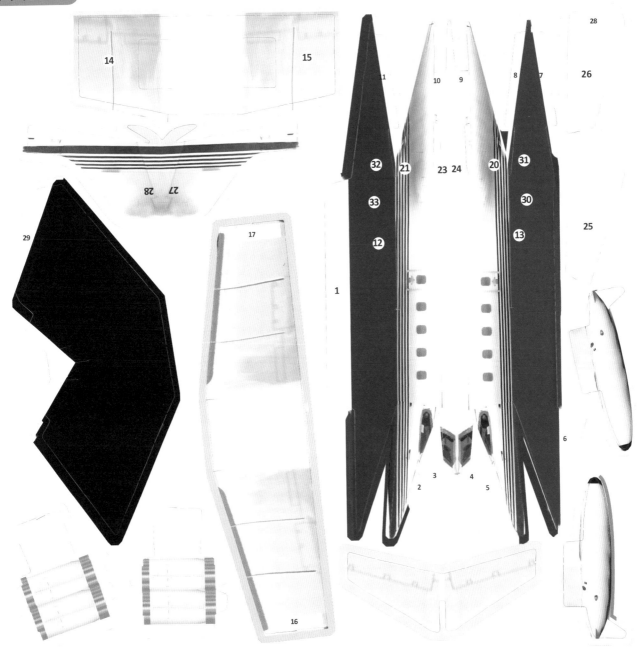

특징

- 최고 속도: 시속 858킬로미터
- 날개폭: 14.6미터
- 기체 길이: 17.7미터
- 승무원 수: 2명

리어제트기

리어제트기는 무엇보다도 속도 위주로 설계된 항공기였다. 그래서 기체 내부는 상당히 좁았고, 천장은 매우 낮았다. 그래도 뒤로 젖혀지는 의자, 접이식 테이블, 조절 가능한 조명 등을 갖춘 실내는 다른 곳에서는 얻을 수 없는 편안함을 주었다. 이니셜이 새겨진 냅킨과 타월 등을 포함하여, 기내에 비치된 많은 물품은 이 비행기를 구입한 주인의 필요에 맞춰 제작되었다.

작지만 고급스러운 실내

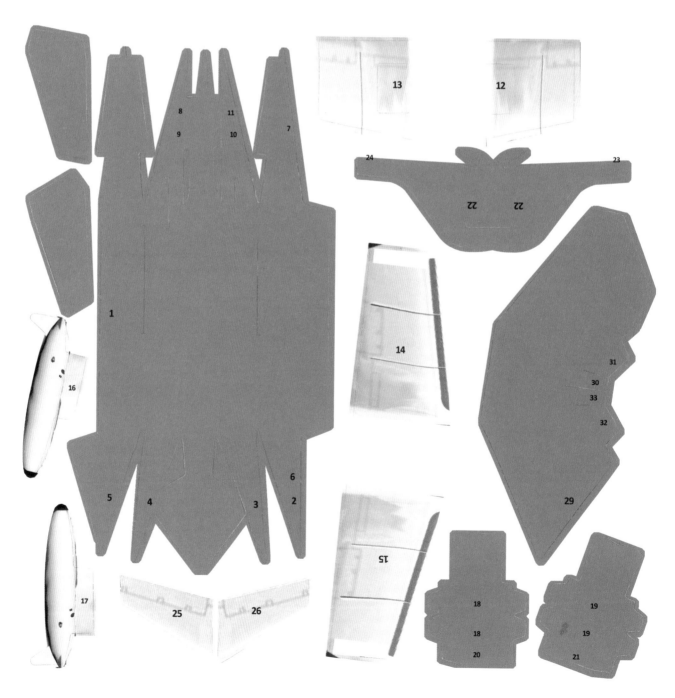

1966 록히드 SR-71 블랙버드 Lockheed SR-71 Blackbird

SR-71 블랙버드의 외양은 이 항공기의 성능만큼 예사롭지 않다. 역사상 가장 빠른 제트 비행기인 블랙버드는 땅에서 25킬로미터나 올라간, 까마득한 고도에서도 음속의 3배가 넘는 속도로 비행할 수 있었다. 비행기의 외피는 그런 엄청난 속도로 비행할 때 발생하는 열에 기체가 견딜 수 있도록 티타늄 합금으로 이루어져 있었다. U-2처럼 블랙버드도 CIA가 쓸 정찰기로 제작되었다.

블랙버드의 조종사는 우주비행사처럼 여압복을 입고, 헬멧을 써야 했다.

1966 록히드 SR-71 블랙버드

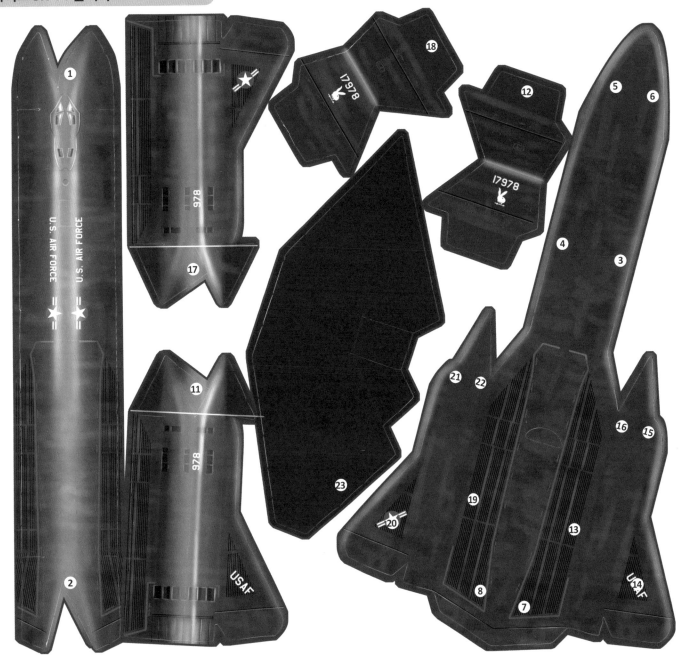

특징

- 최고 속도: 시속 3621킬로미터
- 날개폭: 16.9미터
- 기체 길이: 32.7미터
- 승무원 수: 2명

록히드 SR-71 블랙버드

블랙버드의 짧고 얇은 날개와 날렵한 동체는 육중한 타원형 엔진룸과 대비된다. 엔진은 최고 속도에 이르면 램제트 엔진의 기능을 발휘하게 되는데, 이는 즉 엔진을 통과하는 공기가 연료에 의해 연소되지 않고도 추진력을 발생하게 되는 것이다. 이 비행기의 외양은 항력을 최소화하게끔 설계되었고, 날렵한 모습 때문에 적의 레이더에 잘 탐지되지 않는다.

정면에서 바라본 SR-71

80

해리어는 수직 및 단거리 이착륙(V/STOL)기로서는 유일하게 성공한 기종이다. 이륙할 때에는 노즐들이 엔진의 추진력이 아래로 향하도록 방향을 잡고, 정상적인 비행을 할 때에는 회전하여 추진력이 뒤쪽을 향하도록 한다. 실제로, 해리어는 평소에는 일반적인 방법으로 이륙을 한다. 수직 이륙을 하려면 비행기에 실을 수 있는 짐의 양이 제한되기 때문이다.

해리어는 원조 모델인 호커를 기본으로 하여 많은 변종 모델들이 개발되었다.

영국

81

1969 해리어 수직 이착륙 제트기

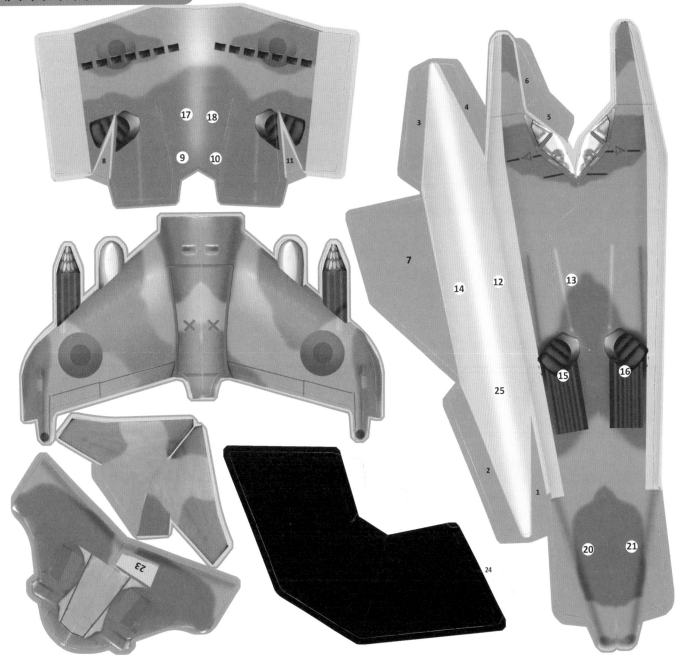

특징

- 최고 속도: 시속 1176 킬로미터
- 날개폭: 7.7미터
- 기체 길이: 14.4미터
- 승무원 수: 1명

해리어 수직 이착륙 제트기

이 기종의 개량형인 시해리어(Sea Harrier)는 작은 항공모함의 갑판에서 이륙할 때 매우 유용하다는 게 증명되었다. 끝이 살짝 올라간 활주로만 갖춰져 있으면, 이 제트기는 고작 180미터의 비행갑판에서도 이륙을 할 수 있다. 해리어는 1982년 포클랜드 섬을 둘러싼 영국과 아르헨티나의 전쟁 때, 공중전에서 탁월한 성능을 발휘했다.

회전이 가능한 배기 노즐

82

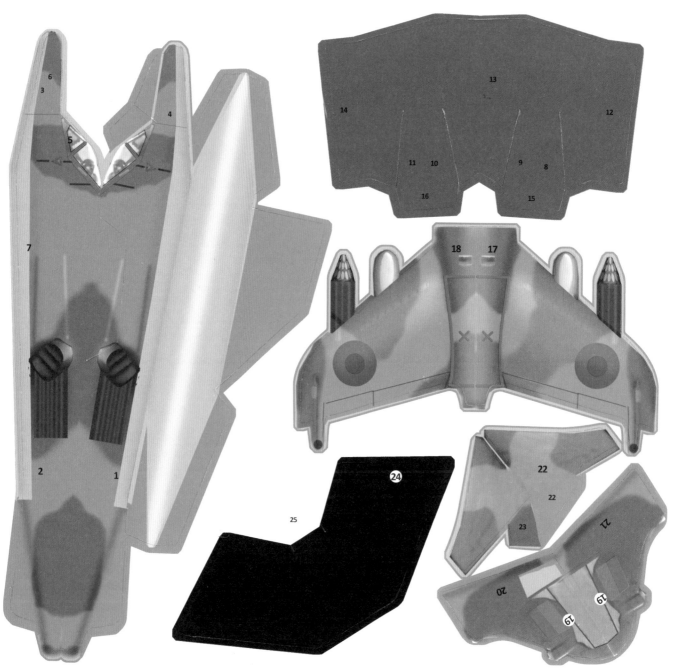

1969 보잉 747 Boeing 747

보잉 747의 광폭 동체형 "점보제트기(초대형 여객기)"는 장거리 비행을 대부분의 평범한 사람들까지도 즐길 수 있게 했다는 점에서, 항공 여행업의 모습을 근본적으로 바꿔 놓았다. 747은 당시 존재하고 있던 어떤 제트여객기에 견주어도 덩치가 엄청나게 컸고, 기존 여객기보다 2배 이상의 승객을 수용할 수 있었다.

미 대통령 전용기인 "에어포스 원"은 보잉 747을 용도에 맞게 개조한 것이다.

1969 보잉 747

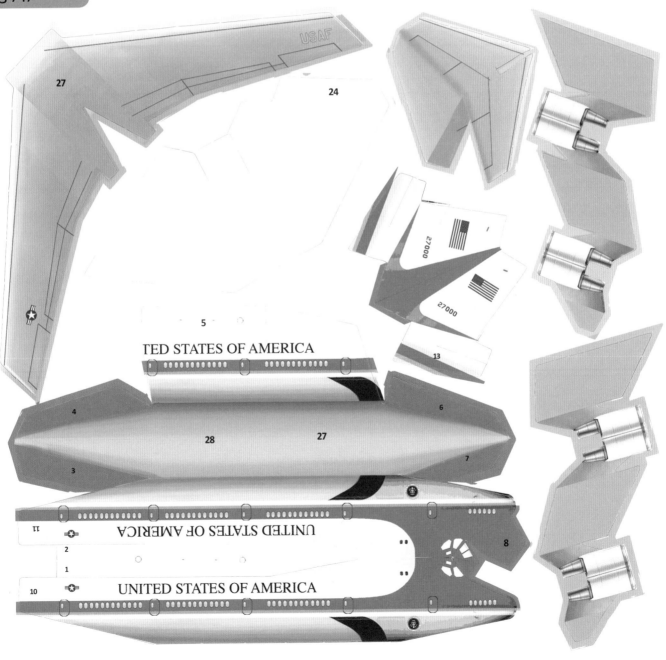

특징

- 최고 속도: 시속 893킬로미터
- 날개폭: 59.6미터
- 기체 길이: 70.7미터
- 승무원 수: 3명

에어포스 원에 탑승하고 있는 버락 오바마 대통령

보잉 747

대부분의 747은 350~420석의 좌석을 갖추고 있다. 하지만 후기 모델의 747은 최대 660명까지 수용할 수 있는데, 이렇게 늘어난 수용 인원으로 인해 안락성과 다리를 뻗을 수 있는 공간은 그만큼 줄었다. 이 비행기가 일단 상용화되자, 장거리 노선의 항공권 값은 크게 떨어졌다. 현재까지 총 1,400대의 747이 제작되었다.

747의 안락한 내부의 모습

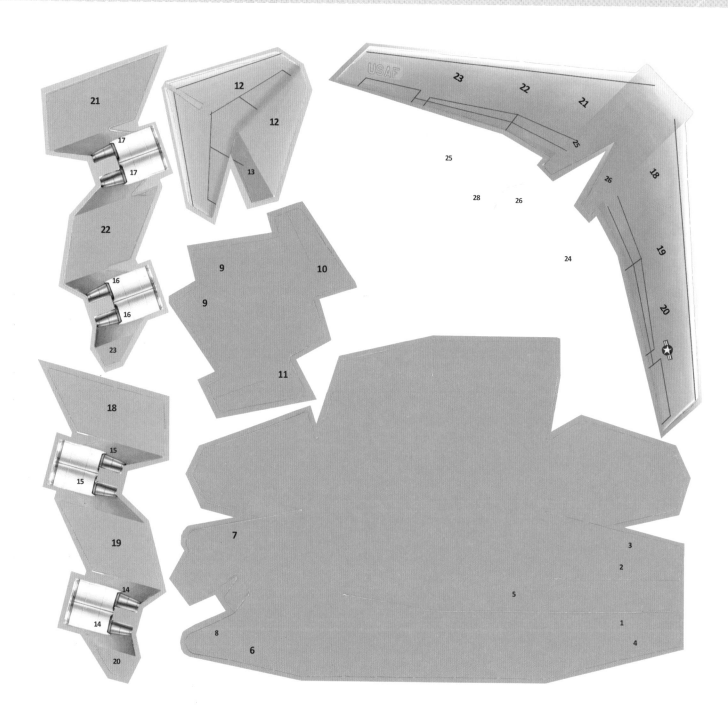

1969 콩코드 Concorde

1960년대에 콩코드의 제작이 처음 구상되었을 당시, 항공기 제작업체들은 초음속 여객기에 항공업계의 미래가 달려 있다고 생각했다. 하지만 이 비행기의 등장은 거창한 일회성 행사로 그치고 말았다. 콩코드는 공학과 디자인의 걸작이라는 평가를 받았고, 사람들이 원하는 속도까지 완벽하게 구현해냈다. 하지만 이 비행기가 배출하는 공해와 소음을 싫어하는 사람들이 너무 많았다. 콩코드는 겨우 16대만 제작되었고, 2003년 퇴역했다.

콩코드의 코는 이륙과 착륙 시, 조종사의 시야를 가리지 않도록 밑으로 처지게 설계되었다.

1969 콩코드

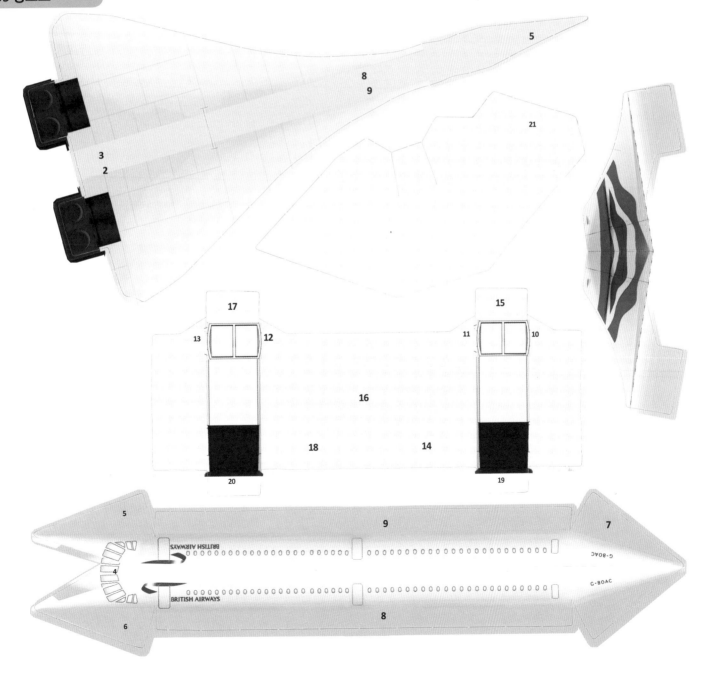

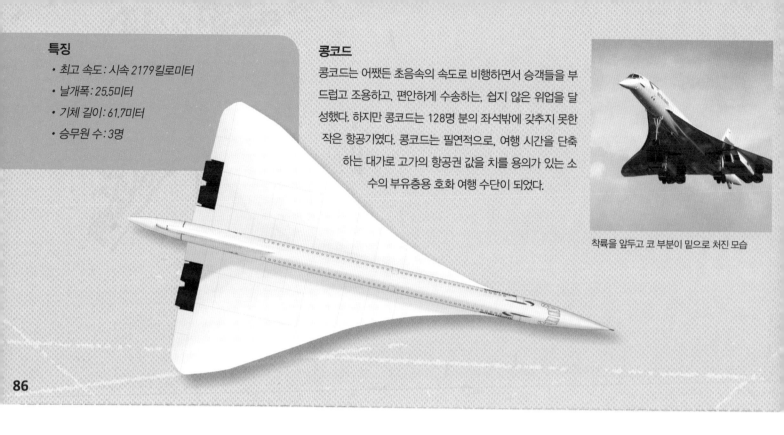

특징

- 최고 속도: 시속 2179킬로미터
- 날개폭: 25.5미터
- 기체 길이: 61.7미터
- 승무원 수: 3명

콩코드

콩코드는 어쨌든 초음속의 속도로 비행하면서 승객들을 부드럽고 조용하고, 편안하게 수송하는, 쉽지 않은 위업을 달성했다. 하지만 콩코드는 128명 분의 좌석밖에 갖추지 못한 작은 항공기였다. 콩코드는 필연적으로, 여행 시간을 단축하는 대가로 고가의 항공권 값을 치를 용의가 있는 소수의 부유층용 호화 여행 수단이 되었다.

착륙을 앞두고 코 부분이 밑으로 처진 모습

86

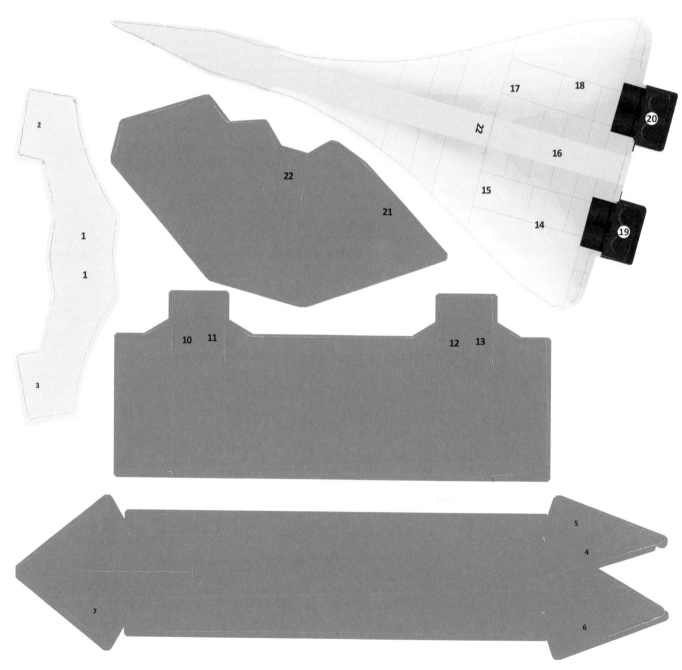

1970 그루먼 F-14 톰캣 전투기

Grumman F-14 Tomcat

미 해군의 톰캣 전투기는 논란의 여지
는 있지만, 진정한 의미에서 최초의 현대식
전투기로 손꼽힌다. 이 전투기는 컴퓨터, 레이더,
골치 아플 정도로 복잡한 무기 통제 시스템을 갖추고 있
다. 또 두 개의 터보팬 엔진이 기존의 어떤 전투기가 누렸
던 것보다도 훨씬 큰 파워를 제공한다. 160킬로미터나
떨어져 있는 적기를 공격할 수 있는 장거리 미사
일이 장착되어 있다.

F-14 톰캣 전투기는 영화 〈탑건〉에서 소개된 이후 시대의 아이콘
이 되었다.

1970 그루먼 F-14 톰캣 전투기

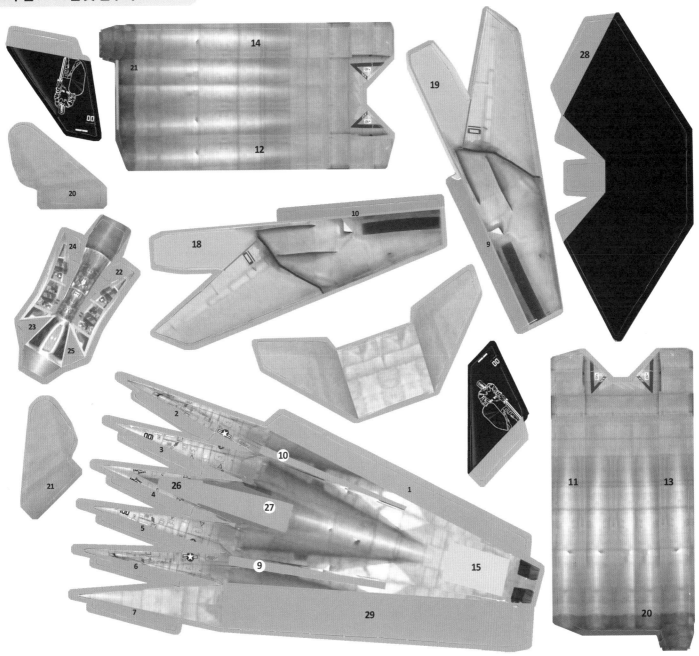

특징

- 최고 속도: 시속 2485킬로미터
- 날개폭: 19.6미터
- 기체 길이: 18.9미터
- 승무원 수: 2명

그루먼 F-14 톰캣 전투기

톰캣 전투기가 성공한 비결 중의 하나는 가변 후퇴익이다. 컴퓨터에 의해 최적의 상태로 자동 조절되는 이 날개는 초음속으로 비행할 때에는 완전히 후퇴익으로 변했다가 항공모함의 갑판 위에 착륙하기 위해 저속으로 비행할 때에는 직선익으로 바뀐다.

F-14가 초음속을 돌파하는 순간의 모습

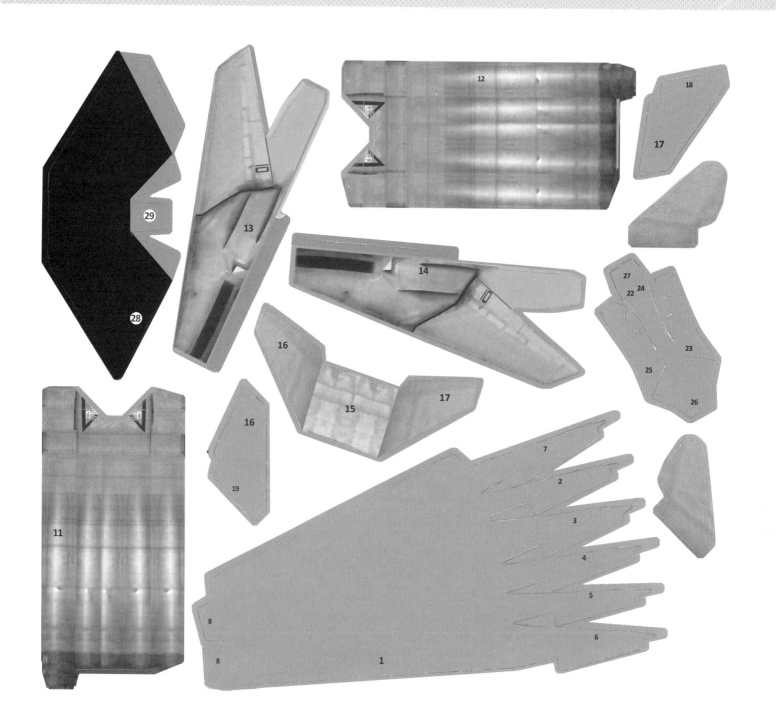

"박쥐 비행기"라는 별명으로 불리기도 하는, F-117은 "스텔스" 기능을 갖춘 최초의 비행기로서, 적의 레이더가 탐지할 수 없도록 설계되었다. 전투기로 명명되었지만, 주로 지상에 있는 목표를 공격하는 데 투입된다. 1991년 이라크 전쟁 때 처음 작전에 투입된, F-117 편대는 이라크의 방공망을 뚫고 바그다드를 공습했다.

F-117은 놀랄 만큼 혁신적으로 설계되었는데, 스텔스 기능을 갖추기 위해 속도를 희생했다는 평을 받고 있다.

89

1983 록히드 F-117 나이트호크

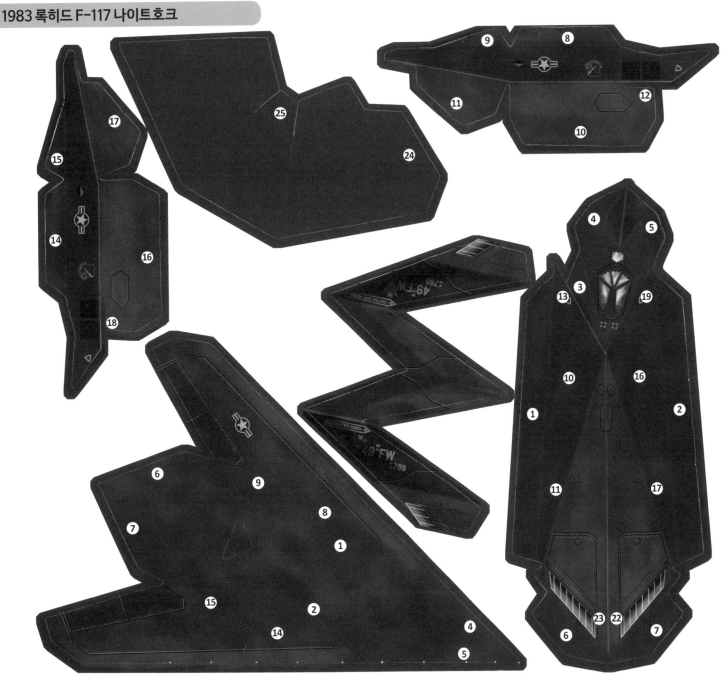

특징

- 최고 속도: 시속 1040킬로미터
- 날개폭: 13.2미터
- 기체 길이: 20.1미터
- 승무원 수: 1명

록히드 F-117 나이트호크

F-117의 각이 진 표면은 적의 레이더파를 굴절시킨다. 이 비행기는 레이더파를 흡수하는, 검은 코팅 물질로 덮여 있다. 그다지 빠른 비행기는 아니어서, 주로 야간 공격을 할 때 투입된다. 조종사는 조종실 밖을 거의 쳐다볼 필요가 없지만, 대신 지상의 목표물을 나타내는 적외선 이미지를 비롯하여 아주 많은 정보를 알려주는 전자 장비 표시판에 온 신경을 쏟아야 한다.

F-117이 착륙할 때 기체 뒤에 달린 낙하산이 제동력을 높여 준다.

1986 루탄 보이저 Rutan Voyager

1986년 12월 딕 루탄(Dick Rutan)과 지나 예거(Jeana Yeager)는 연료의 추가 보급 없이 논스톱으로 지구를 한 바퀴 도는 데 성공한 최초의 사람들이 되었다. 그들은 이 보이저를 타고 이 위업을 달성했는데, 이 특이하고 연료 효율이 높은 프로펠러 비행기는 딕의 동생인 버트 루탄이 설계했다.

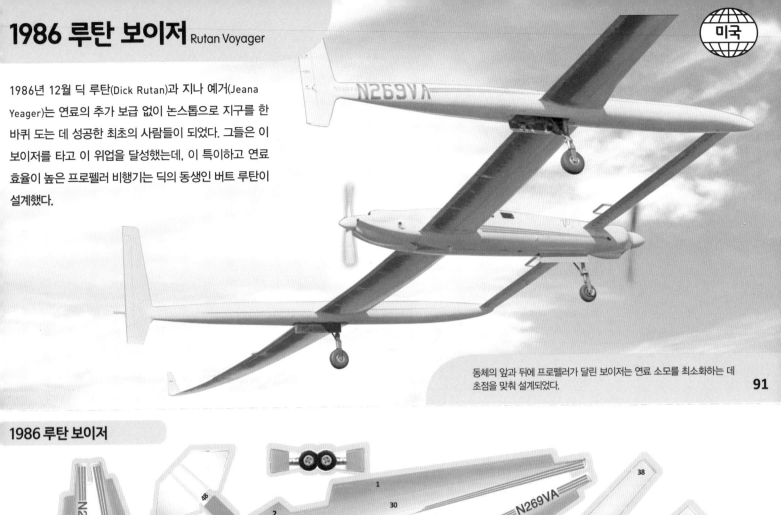

동체의 앞과 뒤에 프로펠러가 달린 보이저는 연료 소모를 최소화하는 데 초점을 맞춰 설계되었다.

91

1986 루탄 보이저

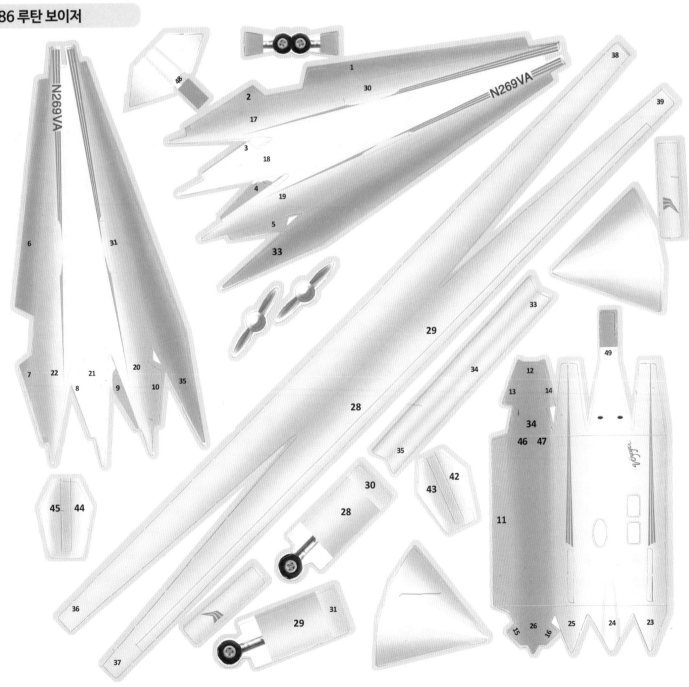

특징

- 최고 속도: 시속 196킬로미터
- 날개폭: 33.7미터
- 기체 길이: 8.9미터
- 승무원 수: 2명

루탄 보이저

보이저가 4만 1,800킬로미터를 날아 세계를 한 바퀴 도는 데에는 총 9일이 걸렸으며, 평균 속도는 시속 185킬로미터이었다. 루탄과 예거는 교대로 조종간을 잡았으나 그래도 그들에게 피로는 심각한 문제였다. 조종석과 선실이 비좁아 일하고 쉴 만한 공간이 너무 작았기 때문이다.

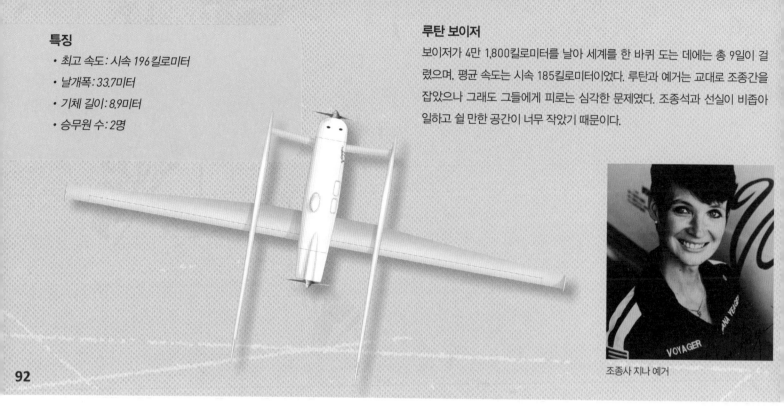

조종사 지나 예거

1995 에어버스 벨루가 Airbus Beluga

희한하게 생긴 에어버스 벨루가 화물비행기는 불룩 튀어나온 동체가 흰 돌고래(beluga whale)를 닮았다 하여 이런 이름이 붙었다. A-300 여객기를 개조한 이 항공기는 원래 비행기 제작에 소요되는 큰 부품들을 수송하기 위해 설계되었으나, 나중에는 초대형 물품을 나르는 데 보편적으로 쓰이는 수송기가 되었다.

벨루가 수송기의 화물칸으로 통하는 경첩식 입구는 조종실 위에 위치한다.

93

1995 에어버스 벨루가

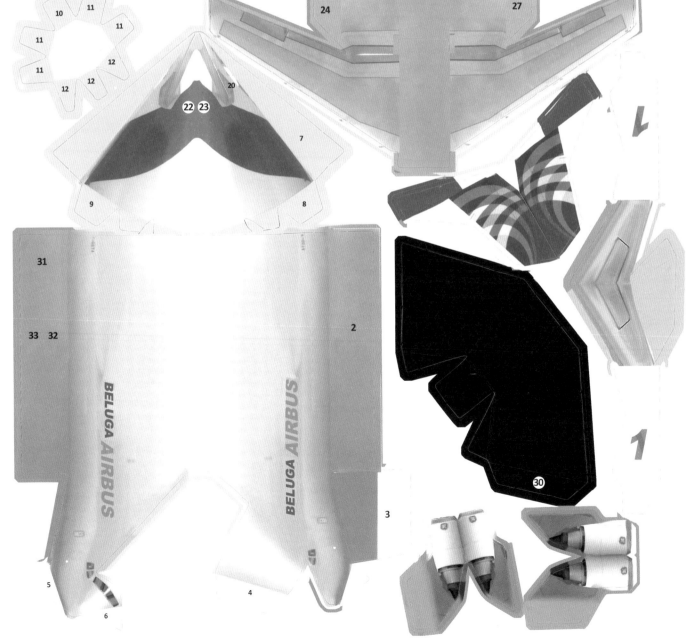

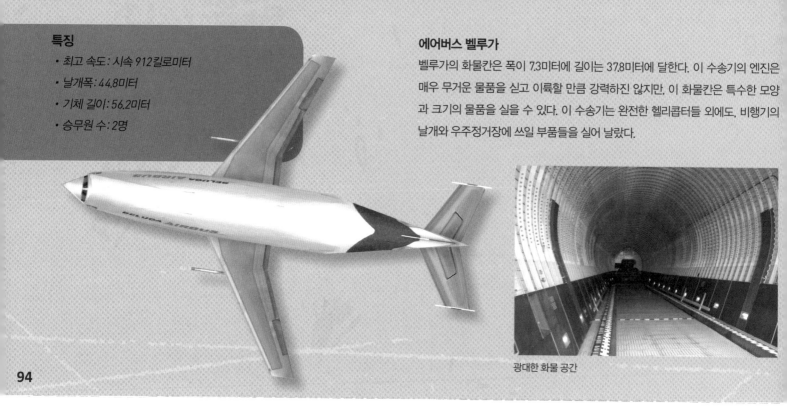

특징

- 최고 속도: 시속 912킬로미터
- 날개폭: 44.8미터
- 기체 길이: 56.2미터
- 승무원 수: 2명

에어버스 벨루가

벨루가의 화물칸은 폭이 7.3미터에 길이는 37.8미터에 달한다. 이 수송기의 엔진은 매우 무거운 물품을 싣고 이륙할 만큼 강력하진 않지만, 이 화물칸은 특수한 모양과 크기의 물품을 실을 수 있다. 이 수송기는 완전한 헬리콥터들 외에도, 비행기의 날개와 우주정거장에 쓰일 부품들을 실어 날랐다.

광대한 화물 공간

94

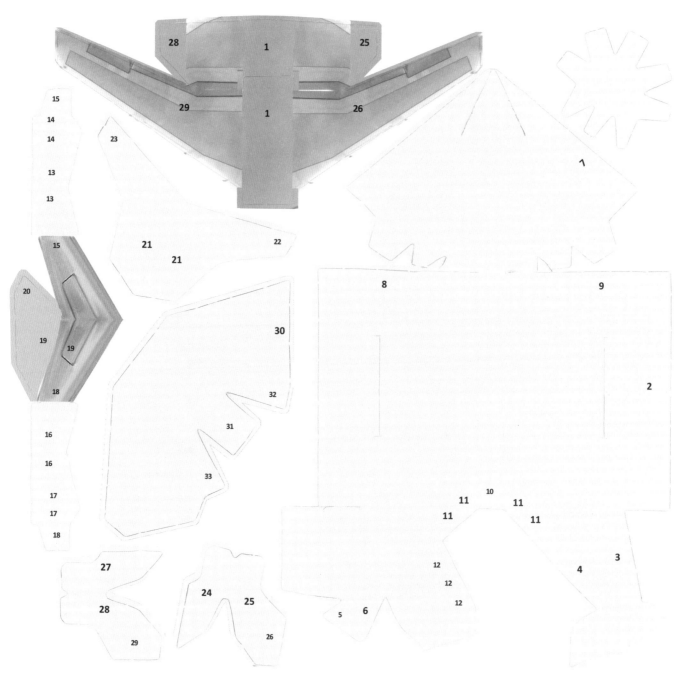

1997 노스롭 그루먼 B-2 스피릿 Northrop Grumman B-2 Spirit

B-2 스텔스 폭격기는 많은 항공기 설계인들의 야망, 즉 "날아가는 날개"의 개발이라는 야망을 충족시킨 대단한 항공기이다. 비행기 전체가 하나의 날개이며, 엔진들과 기체, 조종실 등이 이 날개에 연결 흔적 없이 스며들어 있는 형태이다. 이 폭격기는 "스피릿(유령)"이라고 불리는데 그것은 유령처럼 눈에 띄지 않으면서 적의 레이더 방공망을 침투할 수 있기 때문이다.

B-2는 미국에 기지를 두고 있지만, 비행 중 공중 급유를 받기 때문에 목적지가 아무리 멀어도 작전을 수행할 수 있다.

1997 노스롭 그루먼 B-2 스피릿

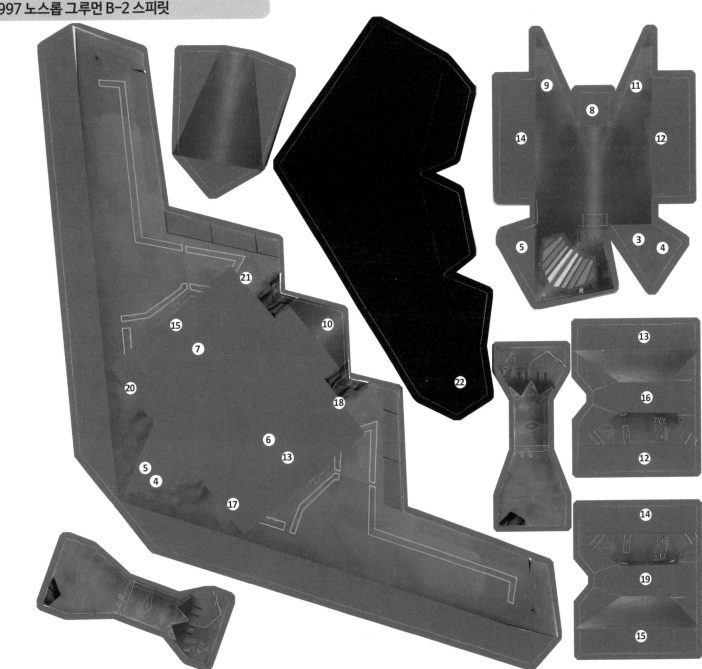

특징

- 최고 속도: 시속 1014킬로미터
- 날개폭: 52.4미터
- 기체 길이: 21미터
- 승무원 수: 2명

노스롭 그루먼 B-2 스피릿

B-2 폭격기는 매우 부드러운 "스텔스 기능"의 기체 윤곽을 유지하기 위해 기체 내의 공간에 폭탄과 미사일을 싣고 다닌다. B-2는 코소보, 이라크, 아프가니스탄에서 실전에 투입되었다. 지금까지 총 21대가 제작되었다. 제작비는 대당 약 2억 달러에 달하며, 항공기 역사상 가장 비싸게 제작된 기종으로 꼽힌다.

B-2 폭격기는 최대 80발의 폭탄을 투하할 수 있다.

96

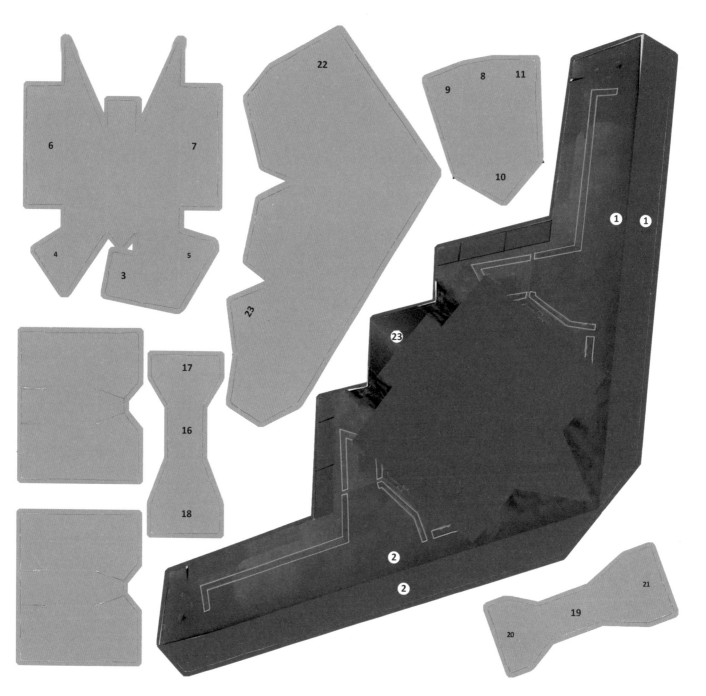

엔진이 4개 장착된 에어버스 380은 항공 역사상 가장 큰 여객기이다. 이 여객기의 날개폭은 보잉 747보다 20미터나 더 길며, 2층으로 된 선실에는 꽉 채우면, 무려 853명의 승객을 태울 수 있다. 이륙 시 최대 중량이 450톤이 넘기 때문에, 이 거대한 항공기는 총 22개의 바퀴로 항공기의 하중을 분산시킨다.

에어버스에 달린 총 22개의 바퀴가 엄청난 무게를 지면에 골고루 분산시킨다.

2005 에어버스 380

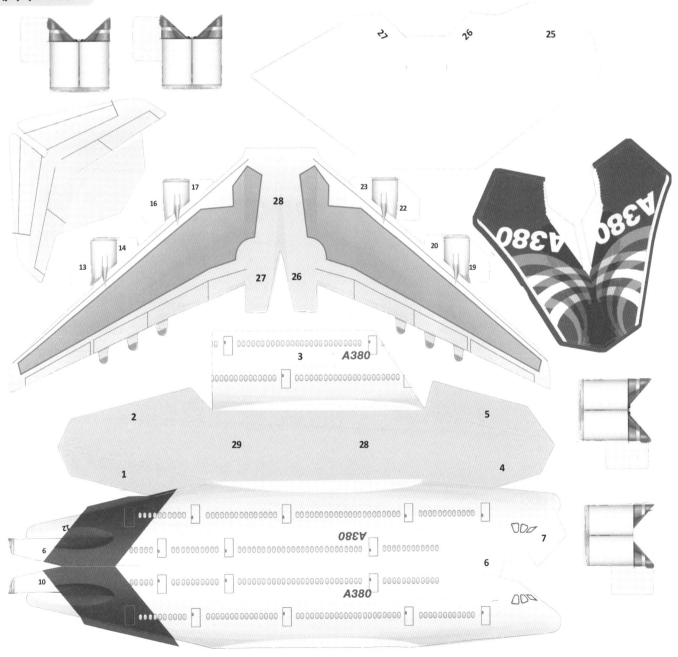

특징

- 최고 속도: 시속 945킬로미터
- 날개폭: 79.7미터
- 기체 길이: 72.7미터
- 승무원 수: 2명

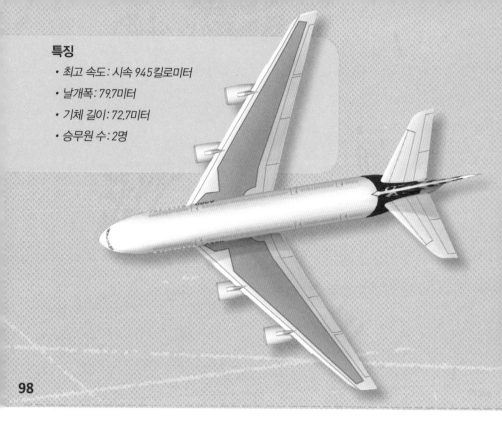

에어버스 380

A380의 내부 면적은 보잉 747보다 50퍼센트나 더 넓다. 이 항공기의 가장 보편적인 내부 구조에서 보면, 통상 525명의 승객이 앉을 수 있는 좌석을 마련해놓았고, 1등석 승객을 위한 넉넉한 공간과 고급 시설을 별도로 갖춰놓았다. 선실은 대부분의 다른 정기 여객기보다 훨씬 조용하다.

A380은 승객들에게 안락함을 제공하는 데에 초점을 맞추었다.

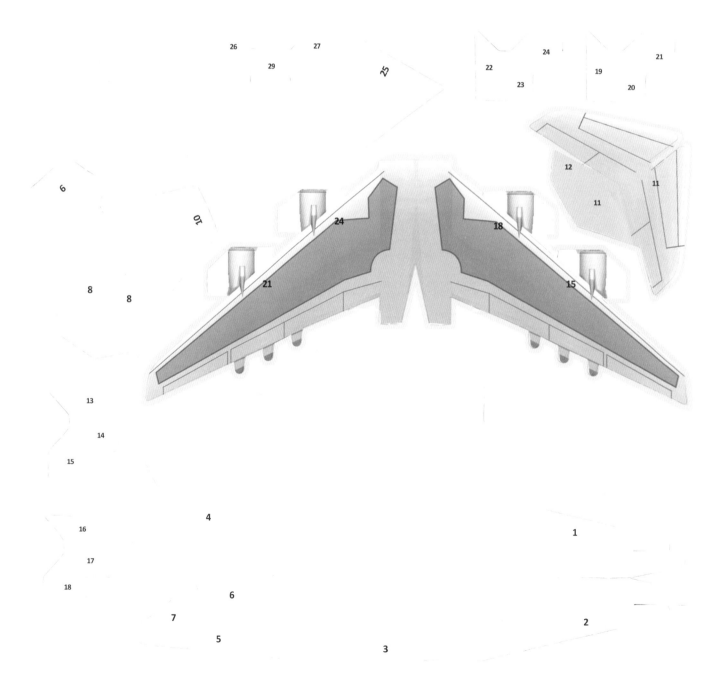

2006 록히드 마틴 F-35 Lockheed Martin F-35

F-35는 현대 기술을 총동원하여 만든 비행기이다. 이 비행기는 지상의 목표물을 공격하는 스텔스 공격기와 초고속 요격기의 기능을 모두 수행할 수 있다. 해군용 F-35는 항공모함 갑판에서 이륙하여 작전을 수행할 수 있으며, 수직 착륙도 가능하다. 조종사가 쓰고 있는 헬멧에는 모든 핵심 정보가 비치며, 따라서 조종사는 고개를 돌리지 않고도 전후좌우를 모두 볼 수 있다.

F-35의 조종사는 사방에 대한 시야를 제공해주는 미래형 헬멧을 착용한다.

99

2006 록히드 마틴 F-35

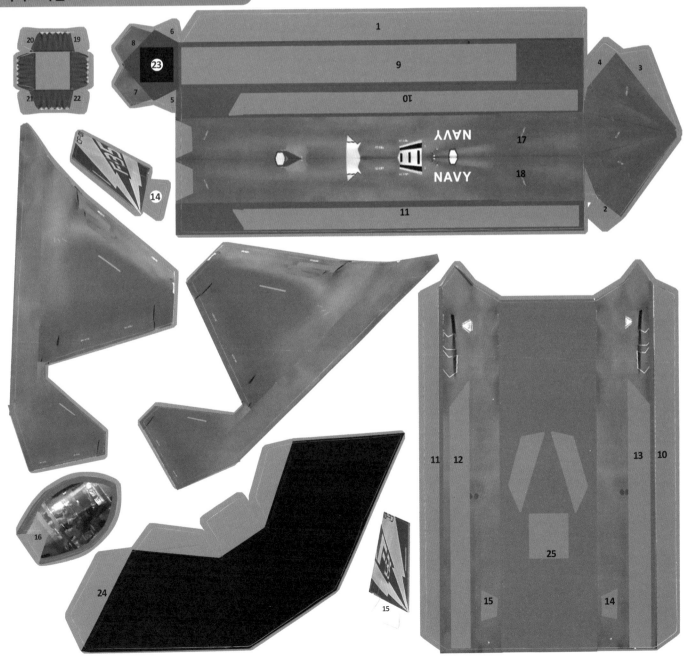

특징

- 최고 속도: 시속 1930킬로미터
- 날개폭: 10.7미터
- 기체 길이: 15.7미터
- 승무원 수: 1명

비행 중 공중 급유를 받는 모습

록히드 마틴 F-35

F-35는 날개 밑에 미사일과 외부 연료 탱크를 모두 싣고 비행을 할 수 있다. 하지만 이것 때문에 적 레이더에 더 잘 노출되어, "스텔스" 효과가 반감되기도 한다. 그래서 이 항공기가 스텔스 모드로 비행할 때는 모든 폭탄과 미사일을 두 개의 내부 탄약실에 실어야 하고, 연료는 비행 중에 공중 급유기로부터 재급유를 받아 해결한다.

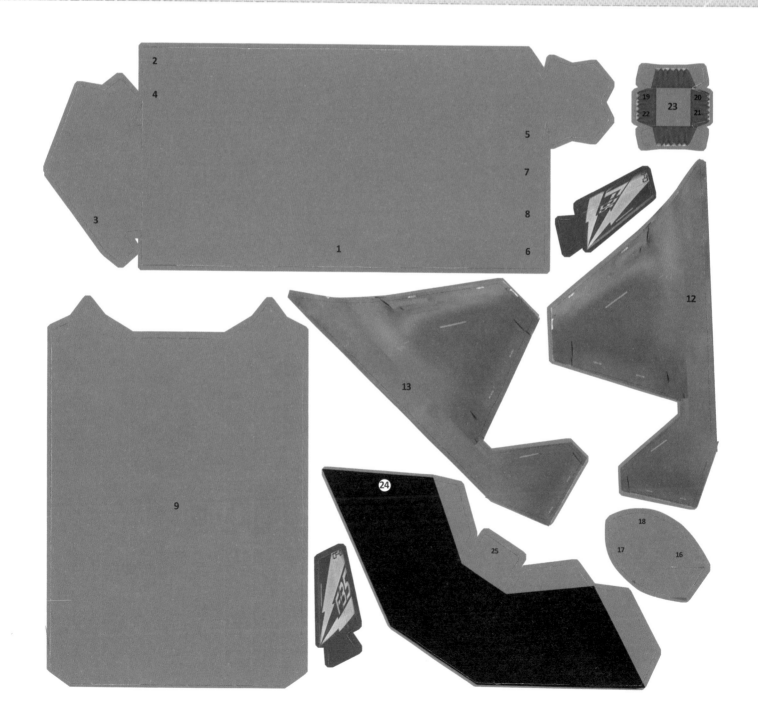

비행기는 21세기에 들어와서까지도 기름을 엄청 잡아먹는 소음 덩어리, 지구 오염의 주범이라는 비난을 면치 못하고 있다. 드림라이너는 환경친화적 비행기 개발을 위한 보잉 사의 노력의 결과물이다. 드림라이너는 가벼운 재료로 만들어진 중형 여객기로서, 연료 효율성을 극대화하기 위한 모든 특징을 잘 갖추고 있다.

연료 효율성이 높은 드림라이너는 논스톱으로 1만 4,400킬로미터 정도를 비행할 수 있다.

101

2009 보잉 787 드림라이너

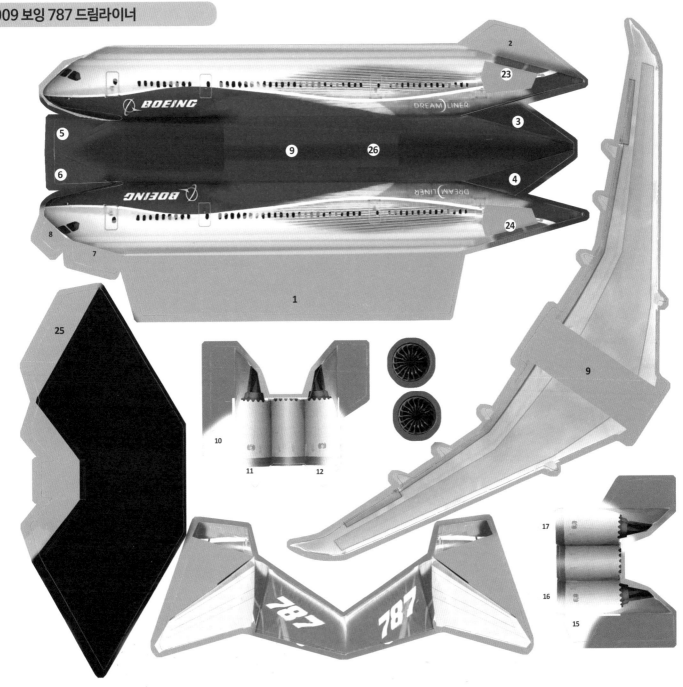

특징

- 최고 속도: 시속 912킬로미터
- 날개폭: 60.1미터
- 기체 길이: 62.8미터
- 승무원 수: 2명

보잉 787 드림라이너

빠르고 안락한 장거리 비행에 알맞게 설계된 787은 흔히 사람들의 진정한 관심사를 해결한 비행기로 평가받는다. 소음의 감소는 아주 중요한 과제였는데, 엔진실을 덮어씌운 톱니바퀴 모양의 덮개 덕분에 787은 그 어떤 여객기보다 눈에 띌 만큼 소음 없이 조용히 비행할 수 있다. 아울러 연료 소모량도 동종의 다른 비행기보다 20퍼센트 정도 줄었다.

엔진실을 덮고 있는 톱니바퀴 모양의 덮개(세브론)가 비행기의 소음을 크게 줄였다.

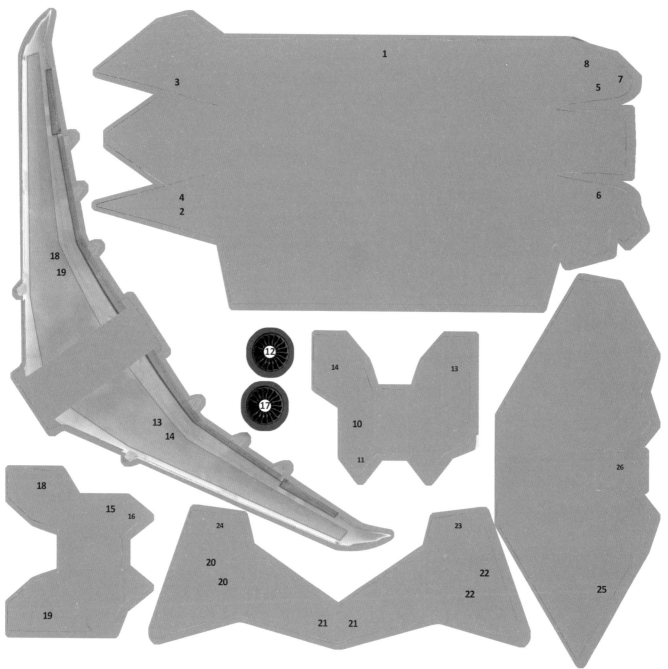

비행은 인류의 꿈

블레리오 XI

공기보다 무거우면서 하늘을 나는 비행 기계를 만드는 과업의 내용은 영국의 아마추어 과학자이자 발명가인 조지 케일리(George Cayley)가 19세기 초에 세밀하게 규정했다. 케일리는 양력(항공기가 비행할 때 밑에서 위로 작용하는 압력), 추진력, 항력이 어떻게 상호작용하는지를 이해했다. 비행기는 공기 저항 때문에 생기는 항력을 극복할 수 있는 추진력이 있어야 날 수 있고, 그래서 그런 추진력을 낼 수 있는 추진 장치가 필요하다는 것을 알았다. 그와 함께 날개

는 비행기와 조종사의 무게를 들어 올리기에 충분한 양력을 제공할 수 있어야 한다는 것도 알았다. 이 원리를 실현시키기 위해 비행이 술

1903 라이트 형제 플라이어

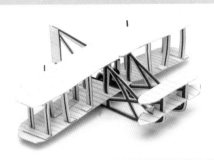

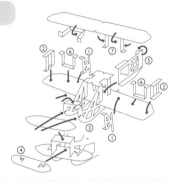

1. 1번과 2번 탭을 접어 엔진을 만들어 아래쪽 날개에 붙인다.
2. 3~6번 탭을 붙여 받침대를 만들어 아래쪽 날개에 붙인다.
3. 메인 프레임을 접은 다음, 아래쪽 날개의 구멍 속에 밀어 넣고, 7, 8번 탭을 날개 밑에 붙인다. 앞에 있는 9번 탭을 붙인다.
4. 앞날개 아래쪽을 프레임의 구멍 속에 넣어 프레임에 고정시키고 끼워서 제자리에 맞춰 넣는다. 9번과 10번 탭을 붙여 앞날개 위쪽을 만든다.
5. 11번 탭을 접고 붙여 받침대의 중앙 부분을 만든다. 아래쪽 날개에는 12번 탭에 붙이고, 프레임에는 13번 탭에 붙인다.
6. 14번과 15번 탭을 윗날개에 붙인다.
7. 16~19번 탭을 접어 받침대를 만들어 아랫날개 위에 붙이고, 20~27번 탭은 윗날개에 붙인다. 28번 탭을 붙여 프레임을 만들어 윗날개에 붙인다.

1909 블레리오 XI

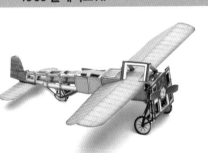

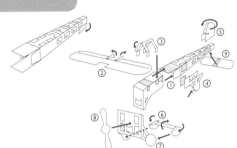

1. 동체의 탭을 맞춰 1~5번 탭은 중앙에, 6번 탭은 비행기 후미에, 7번과 8번 탭은 코처럼 생긴 비행기의 앞부분에 붙인다.
2. 9~11번 탭을 맞춰 날개를 만들어 동체에 붙인다.
3. 12~15번 탭을 맞춰 붙여 위 프레임을 만든다. 동체의 16~19번 탭에 붙인다.
4. 20번과 21번 탭을 붙여 뒷바퀴를 만들어 동체에 붙인다.
5. 22번과 23번 탭을 접고 붙여 수직안정판을 만들어 동체에 붙인다.
6. 25번 탭을 접어 바퀴축을 만들어 함께 붙인다. 바퀴 프레임을 접는다.
7. 바퀴축을 프레임 안쪽인 26번과 27번 탭에 붙이고, 프레임은 비행기의 코(앞부분)에 붙인다.
8. 프로펠러를 29번 탭에 붙인다.
9. 꼬리를 비행기 후미, 동체 밑의 24번 탭에 붙인다.

1913 드펠듀상 모노코크

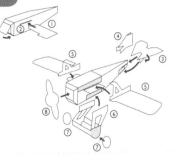

1. 1번 탭을 접어 붙여 날개 강화 장치를 만든다.
2. 날개 강화 장치를 동체의 구멍 속에 밀어 넣어 맞춘다. 2~5번 탭을 접고 붙여 동체를 만든다.
3. 6번 탭을 접고 붙여 수평 꼬리날개를 만든다. 동체의 7번 탭에 붙인다.
4. 8번 탭을 접고 붙여 수직안정판을 만든다. 9번과 10번 탭에 붙인다.
5. 날개들을 날개 강화 장치와 동체의 11~14번 탭에 붙이고, 프레임을 15번 탭에 붙여 상단과 연결시킨다.
6. 16번 탭을 접고 함께 붙여 이착륙 장치를 만들고, 동체의 17번과 18번 탭에 붙인다.
7. 바퀴들을 착륙장치의 양쪽, 19번과 20번 탭에 각각 붙인다.
8. 원뿔형 '코'인 21번 탭을 붙이고, 프로펠러의 구멍인 22~23번 탭에 집어넣는다. 프로펠러를 동체의 24번 탭에 붙인다.

1914 시코르스키 일리야 무로멧츠

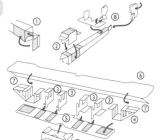

1. 1~6번 탭을 맞춰 붙여 동체를 만든다.
2. 7~10번 탭을 접고 붙여 조종실을 만들어 동체에 붙인다.
3. 11~14번 탭을 붙여 엔진을 만들어 아랫날개에 붙인다.
4. 15번과 16번 탭을 접어 받침대를 만든 다음, 아랫날개에 붙인다.
5. 동체를 아랫날개의 17번 탭에 붙인다.
6. 18번 탭을 접고 함께 붙여 윗날개를 만든다.
7. 19~26번 탭을 붙여 받침내를 만든다. 조종실 지붕을 윗날개의 아랫부분인 27번 탭에 붙인다.
8. 28~33번 탭을 맞춰 붙여 수직안정판을 만들어 수평 꼬리날개의 구멍 속에 밀어넣는다. 수직 중앙 꼬리날개인 34번 탭을 붙이고, 동체 35번과 36번 탭에 풀로 붙인다. 수평 꼬리를 37번 탭에 붙인다.
9. 38번, 39번 탭을 접고 붙여 이착륙 장치를 만들어, 40번 탭에 풀로 붙인다.

하게 시도되었지만, 초기에는 적합한 동력원을 찾지 못해 번번이 좌절되었다. 케일리는 노를 저어서 비행기가 날아가는 모습을 상상했고, 그 외에 증기 엔진을 이용한 발명품들이 많이 나왔지만 모두 실패했다. 마침내 '비행'이라는 목적에 걸맞은 동력원을 제공한 것은 19세기 말에 개발된 내연 기관이었다.

20세기의 첫 10년 동안, 여러 선구자들은 시행착오를 통해 비행 기계를 발전시켰다. 그들은 이용 가능한 가벼운 재료, 즉 나무, 와이어, 천 등을 이용하여 일일이 손으로 비행기를 만들었다. 여러 실험을 통해 가장 적합한 날개의 모양을 확정지으려는 시도가 상당수 이루어졌으나, 당시 가장 큰 관심사는 날개가 비행기의 움직임에 따른

글로스터 글래디에이터

압력에 못 이겨 부서지지 말아야 한다는 점이었다. 두 개의 날개를 받침대와 와이어로 연결한 복엽기가 그런 점에서는 비교적 튼튼하고 안전한 날개로

1916 소프위드 카멜

1. 1~8번 탭을 맞춰 붙여 동체를 만든다.
2. 날개 받침대인 9번 탭을 접어 12번 탭에 붙인다. 동체의 양쪽 끝 13, 14번 탭에 각각 붙인다.
3. 꼬리날개들을 15번 탭에 붙인다.
4. 수직안정판의 16번 탭을 서로 붙인 뒤, 17번과 18번 탭에 붙인다.
5. 19~22번 탭을 붙여 날개 받침대를 만든다. 아랫날개의 23번과 24번 탭에 붙인다.
6. 25번 탭을 붙여 아랫날개를 만든다.
7. 26번 탭을 붙여 윗날개를 만든다. 27~29번 탭을 붙여 받침대의 꼭대기를 만든다.
8. 30번 탭을 붙여 이착륙 장치를 만든다. 아랫날개와 동체 밑의 31~33번 탭에 풀로 붙인다.
9. 34번과 35번 탭을 붙여 바퀴를 만들고, 프로펠러를 동체의 36번 탭에 붙인다.

1917 포커 DR 1 삼엽기

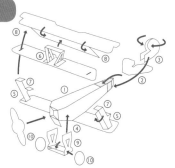

1. 1~7번 탭을 맞춰 붙여 비행기 동체를 만든다.
2. 8번 탭을 붙여 꼬리날개를 만들어 동체에 붙인다.
3. 9번 탭을 함께 붙여 수직안정판을 만들어 10번과 11번 탭에 붙인다.
4. 12번 탭으로 아랫날개를 만들어 동체 밑에 붙인다.
5. 13번, 14번 탭을 붙여 날개 받침대를 만들어. 15번 탭을 아랫날개의 16번 탭에 붙인다.
6. 17번, 18번 탭을 가운데 날개에 붙인다.
7. 받침대를 가운데 날개의 구멍 속에 밀어 넣고 받침대의 19번, 20번 탭을 가운데 날개 밑에 붙인다.
8. 21번 탭을 접어 붙여 윗날개를 만든다. 받침대의 윗부분을 윗날개의 밑인 22번, 23번 탭에 붙인다. 가운데 날개를 동체의 24번 탭에 붙인다.
9. 25~27번 탭을 붙여 이착륙 장치를 만들어 붙인다.
10. 28번과 29번 탭으로 바퀴를 만들어 붙이고, 30번 탭으로 프로펠러를 만들어 붙인다.

1919 빅커스 비미 폭격기

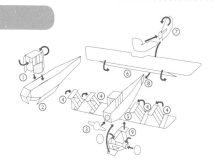

1. 1~9번 탭을 맞춰 붙여 동체를 만든다.
2. 10번 탭을 접어 붙여 아랫날개를 만들고, 동체의 11번 탭에 붙인다.
3. 12번과 13번 탭을 접고 붙여 엔진을 만들고, 아랫날개의 14번, 15번 탭에 각각 붙인다.
4. 16~19번 탭을 접고 붙여 날개 받침대를 만들고, 아랫날개의 20~23번 탭에 붙인다. 24번과 25번 탭을 접어 동체에 붙인다.
5. 26번 탭을 접어 함께 붙여 윗날개를 만들어 27번 탭에 붙인다. 또 28~33번 탭에도 붙인다.
6. 34번과 35번 탭을 아래 꼬리날개에 붙이고, 36번과 37번 탭을 윗날개 밑에 붙인다. 38번 탭을 아랫날개의 아랫면에 붙인다.
7. 39번 탭을 동체 밑에 붙인다. 40번과 41번 탭으로 프로펠러를 만들어 붙인다.
8. 42~47번 탭을 접어 이착륙 장치를 만들어 아랫날개에 붙인다.

1923 커티스 제니

1. 1~4번 탭을 접어 붙인다. 5번, 6번 탭을 접어 동체 안쪽에 끼워넣는다.
2. 7~14번 탭을 맞춰 붙여 동체를 만든다.
3. 프로펠러를 동체의 코인 15번 탭에 붙인다.
4. 16~19번 탭을 붙여 날개 받침대를 만들어 아랫날개에 붙인다.
5. 동체를 아랫날개의 20번 탭에 붙인다.
6. 21번 탭을 접어 함께 붙여 윗날개를 만들어 22번 탭에 붙이고, 23번은 26번 탭에 붙인다.
7. 27번 탭을 붙여 수직안정판을 만들고, 수평 꼬리날개를 구멍 속으로 밀어 넣는다.
8. 28번, 29번 탭으로 꼬리날개를 만들어 동체에 붙인다. 날개를 30번 탭에 붙인다.
9. 31~36번 탭을 접고 붙여 이착륙 장치를 만들어 동체 밑에 붙인다.

입증되었으나, 반면에 그런 설계는 비행기에 작용하는 항력을 크게 증가시켰다. 단엽기는 더 엉성했지만 비행기가 유선형의 모양을 띠었고, 속도도 빨랐다. 비행기 설계사들은 처음에는 기존의 엔진, 예컨대 오토바이 엔진 같은 것을 개조해서 썼다. 그러다 궁극적으로 두 종류의 비행기 엔진이 발전하게 되었다. 하나는 이른바 회전식 엔진으로, 이것은 프로펠러와 같이 돌아 조종사에게 엔진 오일을 뿌리기 일쑤였다. 또 하나는 수냉식 직렬 엔진이었다. 제1차 세계대전이 일어나기 전에는,

엔진은 일반적으로 50~80 정도의 마력을 냈다. 동력이 이렇게 약했기 때문에 비행기들은 필연적으로 작고, 가벼워

소프위드 스나이프

1926 포드 틴구스

1. 1~7번 탭을 맞춰 붙여 동체를 만든다.
2. 8번, 9번 탭을 붙여 조종실 전면을 만든다.
3. 10번 탭을 붙여 꼬리날개를 만든다.
4. 11번 탭을 붙여 수직안정판을 만들고, 동체의 12번, 13번 탭에 붙인다.
5. 15~18번 탭을 함께 붙여 이착륙 장치를 만들어, 19~21번 탭에 붙인다.
6. 22~25번 탭을 붙여 엔진을 만든 다음, 26~29번 탭을 붙인다.
7. 30번과 31번 탭을 붙여 바퀴를 만든다.
8. 32번 탭을 서로 붙여 날개를 만들어 33번 탭에 붙인다.
9. 프로펠러를 만들어 비행기 앞부분의 34번 탭에 붙인다.

1927 세인트 루이스의 정신

1. 1~10번 탭을 맞춰 붙여 동체를 만든다.
2. 11번 탭을 붙여 꼬리를 만들고 12번 탭으로 날개를 만들어 동체에 붙인다.
3. 13~16번 탭을 접고 붙여 날개 받침대를 만든다.
4. 17번과 18번 탭을 붙여 이착륙 장치를 만들고, 날개 받침대인 19~21번 탭에 붙인다.
5. 날개 받침대를 동체의 22번 탭과 날개의 23번, 24번 탭에 붙인다.
6. 25번 탭을 접어 프로펠러를 만들어 비행기 앞부분에 붙인다.

1927 록히드 베가

1. 1번과 2번 탭을 붙여 동체 꼭대기 부분을 만들어 동체에 붙인다. 3번과 4번 탭을 구멍 속으로 넣은 다음, 동체 안쪽에 붙인다.
2. 5~12번 탭을 맞춰 붙여 동체를 만든다.
3. 13번 탭을 붙여 꼬리날개를 만들어 동체 뒷부분에 있는 구멍 속으로 밀어넣는다.
4. 14번 탭을 함께 붙이고, 15번과 16번 탭을 붙여 수직안정판을 만든다.
5. 17번 탭을 붙여 창문을 만들고, 앞 창문을 구멍 속으로 밀어 넣고 18번 탭을 붙인다.
6. 19~21번 탭을 접어 이착륙 장치를 만들어 동체 밑에 붙인다.
7. 22번과 23번 탭을 붙여 바퀴를 만든다.
8. 24번 탭으로 프로펠러를 만들어 비행기 앞부분에 붙인다.

1928 드 하빌랜드 집시모스

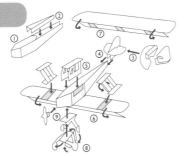

1. 1~7번 탭을 맞춰 붙여 동체를 만든다.
2. 8번과 9번 탭을 동체 뒷부분에 붙이고, 10번 탭을 붙인다.
3. 11번 탭을 붙여 수직안정판을 만들고, 12번과 13번 탭을 풀로 동체에 붙인다.
4. 14번 탭을 붙여 꼬리날개를 만들고, 수직안정판 사이로 밀어 넣는다. 그리고 15번 탭을 접는다.
5. 16번과 17번 탭을 붙여 날개 받침대를 만들어 동체에 붙인다.
6. 18번 탭을 접어 붙여 아랫날개를 만들어 동체 밑의 19번 탭에 붙인다. 20~25번 탭을 맞춰 붙여 날개 받침대를 만들어 날개에 붙인다.
7. 26번 탭을 접어 붙여 윗날개를 만들고 27~29번 탭에 붙인다.
8. 30~32번 탭을 접어 붙여 내부의 바퀴 받침대를 만든다. 33~36번 탭을 접어 붙여 바퀴 받침대를 만든다.
9. 37번 탭을 붙여 이착륙 장치를 만들어 날개 밑에 붙인다. 38번 탭을 붙여 프로펠러를 만들어 비행기 앞부분에 붙인다.

야 했으며 더 큰 비행기를 만들려면 여러 개의 엔진을 사용해야만 했다.

제1차 세계대전을 계기로 제조되는 비행기의 수가 폭발적으로 늘어났고, 처음으로 항공 산업에서 대량생산이 이루어졌다. 엔진은 점점 더 강력해졌고, 전쟁이 끝날 때쯤에는 최고 400마력에 달하는 엔진도 나왔다. 군용 비행기의 설계 방식은 대체로 보수적이었으며, '받침대와 와이어'가 들어가는 튼튼한 쌍엽기를 만드는데 주안점을 두었다. 하지만 독일의 엔지니어인 후고 융커스(Hugo Junkers)는 금속으로 만든 단엽기를 설계하기 시작했다. 이 개발은 부분적으로 항공업계에 과학자들이 점점 더 많이 참여하는 당시의 풍토를 반영

소프위드 펍

1931 마키 MC 72

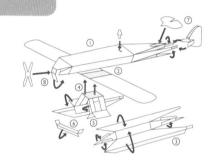

1. 1~10번 탭을 맞춰 붙여 동체를 만든다.
2. 11번 탭을 붙여 날개를 만들어 동체 밑에 붙인다.
3. 12~14번 탭과 15~17번 탭을 맞춰 붙여 플로트를 만든다.
4. 18번 탭을 접어 붙여 이착륙 장치를 만든다. 날개 밑의 19번 탭에 붙인다.
5. 두 플로트를 20번과 21번 탭을 이용하여 이착륙 장치 프레임에 붙인다.
6. 22번과 23번 탭을 접어 붙여 두 플로트의 간격을 유지하는 지지대를 만든다.
7. 24~26번 탭을 접어 붙여 수직 꼬리날개를 만든다. 27번 탭으로 꼬리를 만들어 꼭대기에 붙인다.
8. 28번 탭으로 프로펠러를 만들어 붙인다. 29번 탭을 맞춰 원통형 앞부분을 만들어 안으로 집어넣는다. 30번과 31번 탭을 안에 붙인다.

1932 시코르스키 S-40 쾌속 비행정

1. 1~9번 탭을 맞춰 붙여 동체를 만든다. 10번과 11번 탭을 붙여 조종실 앞 유리창을 만든다.
2. 12~15번 탭을 접고 붙여 날개 받침대를 만든다. 동체의 16번 탭에 붙인다.
3. 17~22번 탭을 접고 붙여 엔진을 만들어 23~26번 탭에 붙인다.
4. 28번과 29번 탭을 접고 붙여 끝 받침대를 만든다.
5. 29번 탭을 접고 붙여 날개를 만든다.
6. 30~33번 탭을 날개 밑에 붙인다.
7. 34번과 35번 탭을 접고 붙인다. 36번과 37번 탭을 붙여 꼬리날개를 만든다. 38번과 39번 탭을 붙여 날개를 수직안정판 구멍 속으로 집어넣는다.
8. 40번과 41번 탭을 접고 붙인다. 42번 탭을 동체의 뒷부분에 붙인다. 43번과 44번 탭을 날개에 붙인다.

1932 그랜빌 슈퍼 스포트스터

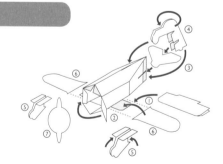

1. 1번 탭을 접고 붙여 날개 지지대를 만든다. 날개 지지대를 동체 앞부분에 있는 구멍 속으로 안에서 집어넣는다.
2. 2~4번 탭을 맞춰 붙여, 안에 날개 지지대가 있는 동체를 만든다.
3. 5번 탭을 붙여 꼬리날개를 만들어 동체 뒷부분에 있는 구멍 속으로 밀어 넣는다.
4. 6번과 7번 탭을 함께 붙여 수직안정판을 만든다. 앞의 탭을 동체에 있는 8번 구멍 속으로 집어넣는다. 9~12번 탭을 붙인다.
5. 13번과 14번 탭으로 바퀴를 만든다. 15번과 16번 탭으로 만든 날개 지지대에 붙인다.
6. 17번과 18번 탭을 붙여 날개를 만든다.
7. 19번 탭을 붙여 프로펠러를 만든다.

1934 록히드 일렉트라

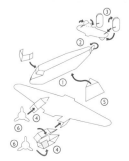

1. 1~13번 탭을 맞춰 붙여, 동체와 창문을 만든다.
2. 14번과 15번 탭을 함께 붙여 꼬리날개를 만든다. 16번 탭을 동체에 붙인다.
3. 17번과 18번 탭을 붙여 수직안정판을 만든다. 19번과 20번 탭을 수직안정판의 양쪽에 하나씩 붙인다.
4. 21~30번 탭을 붙여 엔진을 만든다. 21~26번 탭을 날개의 탭들에 붙인다. 날개를 동체 밑의 31번 탭에 붙인다.
5. 32번 탭으로 스탠드를 만들고 동체 밑의 33번 탭에 붙인다.
6. 34번과 35번 탭으로 프로펠러를 만들어 붙인다.

했다. 항공업계는 이제 열정을 가진 아마추어들과 장인들의 영역에서
과학에 바탕을 둔 산업 내지는 군사 연구 분야로 변신하는, 과도기에 접
어들었다.

1920년대와 30년대에는 단엽기가 꾸준히 복엽기를 대체했고, 전면적

1935 휴즈 H-1 경주용 비행기

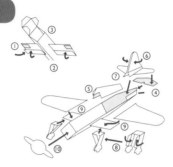

1. 1번 탭을 접고 붙여 날개 지지대를 만든다.
2. 동체를 구부려 날개 지지대를 안에서 구멍 속으로 밀어 넣는다.
3. 2~5번 탭을 맞춰 붙여 동체를 만든다.
4. 6번 탭으로 꼬리날개 지지대를 만들어 동체 뒷부분에 있는 구멍 속으로 밀어
   넣는다.
5. 7번 탭을 함께 붙여 조종실을 만든다.
6. 8번 탭을 붙여 수직안정판을 만들고, 동체의 9번과 10번 탭에 붙인다.
7. 11번과 12번 탭을 수직안정판 밑에 붙인다.
8. 13~18번 탭으로 받침대와 바퀴를 만들고, 19번과 20번 탭을 붙인다.
9. 21번과 22번 탭으로 앞날개를 만든다.
10. 23번 딥으로 프로펠러를 만든다.

1935 더글러스 DC-3

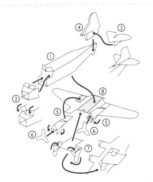

1. 1~7번 탭을 맞춰 붙여 동체를 만든다.
2. 8~10번 탭을 붙여 비행기 앞부분(코)을 만든다. 11~12번 탭으로 앞부분을 만
   들어 동체 안에 붙인다.
3. 16번 탭을 접고 붙여 꼬리날개를 만들어 꼬리 안정판의 구멍 속으로 집어넣는
   다. 17번 탭을 붙인다.
4. 13번 탭을 접고 붙여 수직안정판을 만들고, 14번과 15번 탭을 붙여 동체 뒷부
   분에 끼운다.
5. 18~27번 탭을 접어 엔진을 만들어 날개에 붙인다.
6. 28번과 29번 탭을 붙여 프로펠러를 만든다.
7. 30번과 31번 탭을 함께 붙여 바퀴를 만든다. 32번 탭을 붙인다.
8. 33번 탭을 붙여 날개를 만든다.

1937 메서슈미트 BF 109

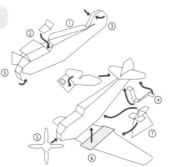

1. 1~3번 탭을 맞춰 붙여 동체를 만든다.
2. 4번과 5번 탭을 붙여 창문을 만든다. 6번 탭을 붙이고, 7번 탭을 맞춰 붙여 수
   직안정판을 만든다.
3. 8번과 9번 탭을 함께 맞춰 꼬리를 만들고, 수직안정판의 구멍 속으로 밀어 넣
   는다.
4. 10번 탭을 붙여 받침대를 만들어 동체 밑에 붙이고, 11번과 12번 탭을 붙여 꼬
   리날개 밑에 붙인다.
5. 13번과 14번 탭을 붙여 원뿔형 앞부분을 만든다. 작은 탭들을 접고, 동체 안으
   로 붙인다. 프로펠러를 붙인다.
6. 15번 탭을 붙여 날개를 만들어 동체 밑에 붙인다.
7. 16번 탭을 붙여 스탠드를 만든다. 스탠드를 날개와 동체 아래의 17번 탭을 풀
   로 붙인다.

1938 보잉 B-17

1. 1~9번 탭을 맞춰 붙여 동체를 만든다.
2. 10번과 11번 탭을 맞춰 붙여 조종실을 만든다. 채광창을 접어 구멍을 통해 채
   광창을 붙인다. 안쪽의 12번 탭을 풀로 붙인다.
3. 조종실을 동체의 13번과 14번 탭에 붙인다.
4. 15~18번 탭을 붙여 창문을 만들어 조종실에 붙인다.
5. 19번 탭을 붙여 꼬리날개를 만들어 동체에 붙인다. 20번 탭을 붙여 수직안정판
   을 만든다. 21~24번 탭을 붙여 꼬리날개를 만들어 동체에 붙인다.
6. 25~36번 탭을 붙여 엔진을 만들어 날개에 붙인다.
7. 37번 탭을 붙여 날개를 만들어 동체에 붙인다.
8. 38~41번 탭을 붙여 프로펠러를 만들어 엔진 앞부분에 붙인다.
9. 42~44번 탭을 함께 붙여 스탠드를 만든다. 45번 탭을 날개 밑에 붙인다.

인 금속 재질로 제조하는 방식이 보편적인 현상까지는 아니라 해도, 고급 비행기의 표준이
되었다. 엔진의 출력은 급속히 증가하여, 이즈음에 새로 개발된 성형(星形) 엔진과 롤스 로
이스 사의 멀린처럼 개량된 직렬 엔진은 1,000마력 이상의 출력을 냈다. 과학 연구 기관들
은 항력을 연구하기 위해 대형 풍동(風洞, 비행기 등에 공기의 흐름이 미치는 영향을 시험하기 위
한 터널형 인공 장치-옮긴이)을 앞다투어 만들었으며, 이것은 유선형 디자인의 괄목할 만한
발전을 낳았다. 수냉식 성형 엔진을 덮는 카울링(항공기의 엔진 덮개-옮긴이)은 엔진의 성능

스핏파이어 MK 1

108

1938 슈퍼마린 스핏파이어

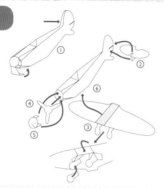

1. 1~11번 탭을 맞춰 붙여 동체를 만든다.
2. 12번 탭을 접고 붙여 꼬리날개를 만든다. 동체 뒷부분의 구멍 속에 맞춰 넣는다. 13번 탭을 붙인다.
3. 14~18번 탭을 붙여 날개와 바퀴를 만든다.
4. 프로펠러를 동체의 19번 탭에 붙인다.
5. 20번 탭을 둥글게 말아 원뿔형 앞부분을 만든다. 프로펠러의 21번 탭에 붙인다.
6. 날개를 동체 밑 22번 탭에 붙인다.

1945 보잉 307 스트라톨라이너

1. 1~9번 탭을 맞춰 붙여 동체를 만든다.
2. 10번 탭을 함께 붙여 수직안정판을 만든다. 동체의 11~14번 탭에 붙인다.
3. 15번과 16번 탭을 붙여 꼬리날개를 만든다.
4. 19번, 22번, 25번, 28번 탭을 함께 붙여 엔진을 만든다. 날개의 17번과 18번, 20번과 21번, 23번과 24번, 26번과 27번 탭에 붙인다.
5. 29~32번 탭을 붙여 프로펠러를 만든다.
6. 33번 탭을 붙여 스탠드(받침대)를 만든다. 34번과 35번 탭을 윗날개의 안쪽에 붙인다.
7. 날개의 36번 탭과 스탠드를 동체의 밑에 붙인다.

1941 글로스터 E28

1. 1번 탭을 접고 함께 붙여 날개 지지대를 만든다.
2. 동체 앞부분을 구부리고, 2~8번 탭을 함께 붙인다.
3. 동체 뒷부분을 구부려 모양을 만들고, 9~16번 탭을 접고 붙여 동체의 앞부분과 뒷부분을 연결한다.
4. 17번과 18번 탭을 맞춰 붙여 조종실을 만든다. 19번과 20번 탭을 동체에 붙인다.
5. 21번 탭을 함께 붙여 수직안정판을 만들고 동체의 22번과 23번 탭에 붙인다.
6. 24번 탭을 붙여 꼬리날개를 만든다. 25번 탭에 붙인다.
7. 26번과 27번 탭을 붙여 날개를 만든다. 날개의 앞쪽 가장자리가 날개 지지대의 앞쪽 가장자리와 일직선이 되도록 맞춘다.
8. 28번 탭을 접고 붙여 스탠드를 만든다. 동체의 29번과 30번 탭 밑에 붙인다.

1942 애브로 랭커스터

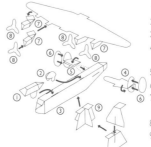

1. 1번과 2번 탭을 붙여 조정실을 만든다. 동체 안의 3번과 4번 탭을 붙인다.
2. 5번과 6번 탭을 붙인다. 동체 안쪽의 7번과 8번 탭에 붙인다.
3. 9~14번 탭을 맞춰 붙여 동체를 만든다.
4. 15번 탭을 맞춰 붙여 꼬리날개를 만들어, 동체 뒷부분에 있는 구멍 속으로 밀어넣는다.
5. 16번과 17번 탭을 접어 붙여 두 번째 꼬리날개를 만든다.
6. 18번과 19번 탭을 붙여 수직안정판을 만든다.
7. 20~39번 탭을 접고 붙여 엔진을 만들어 날개에 붙인다. 날개를 동체의 40번 탭, 조종실 밑의 구멍 속으로 넣어 붙인다.
8. 41~44번 탭으로 프로펠러를 만들어 엔진에 붙인다.
9. 스탠드를 함께 구멍 속으로 넣는다. 45번 탭을 풀로 붙이고, 46번과 47번 탭을 동체에 붙인다.

들 크게 높여주었다. 고정식 바퀴를 이륙 후 날개 또는 동체 속으로 넣을 수 있는 접이식 이착륙 장치로 대체한 것은 또 하나의 커다란 발전이다. 엔진 출력의 증가와 유선형 디자인 덕분에 가장 빠른 비행기의 속도는 시속 640킬로미터 이상으로 크게 올라갔다.

1930년대까지, 조종사들은 대체로 뚜껑 없는 조종실에 앉아 본능과 경험에 의존하여 비행했다. 비행기의 속도가 빨라지면서, 폐쇄형 조종실이 불가피해졌고, 아울러 비행 계기판에 대한 조종사들의 의존도는 더 커졌다. 미국 조종사 지미 둘리틀(Jimmy Doolittle)은 1929년 인공 수평의(水平儀, 항공기의 경사를 재는 도구—옮긴이), 자이로 방향 지시계 같은 새로운 도구들을 사용함으로써, 조종사는 조종실 밖을 쳐다보지 않고도 이륙, 비행, 착륙을 할 수 있다는 것을 증명했다. 그런 최신 장비들과 무선 전파에 바탕을 둔 항법 시스템에 힘입어 비행기들은 야간 혹은 악천후에도 안전하게 운항을 할 수 있게 되었다.

제2차 세계대전이 발발할 때쯤에는, 밀폐된 여압(與壓) 객실이 항공기에 도입되었는데, 이로써 과거에는 상상도 못했던 훨씬 높은 고도에서도 편안한 비행이 가능해졌다.

제2차 세계대전 때 활약한 비행기들은 속도와 고도 면에서, 프로펠러 엔진으로 도달할 수 있는 한계까지 올라갔다. 대기권은 초고도까지 올라가면, 공기가 희박해져 프로펠러의 효율성이 떨어졌다. 여기에서 한 걸음 더 나아간 단계는 제트추진 엔진이었다. 제트 엔진은 1930년대에 독일의 한스 폰 오하인(Hans von Ohain)과 영국의 프랭크 휘틀(Frank Whittle)이 거의 동시에 개발했다.

오하인이 설계한 터보제트 엔진을 장착한 하인켈 HE 178은 1939년 8월 최초의 제트 비행을 성공리에 마쳤다. 독일과 영국, 두 나라 모두 제2차

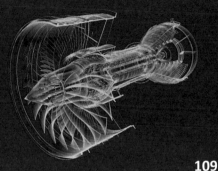

제트 엔진 터빈

1942 노스 아메리칸 P-51 무스탕

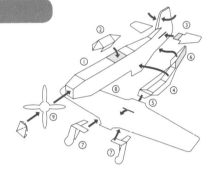

1. 1~10번 탭을 맞춰 붙여 동체를 만든다.
2. 11번과 12번 탭을 붙여 조종실을 만들어 동체의 13번 탭에 붙인다.
3. 14번 탭으로 꼬리날개를 만들어 동체에 맞춰 끼우고 다른 꼬리날개를 여기에 붙인다.
4. 15~18번 탭을 맞춰 붙여 동체의 밑부분을 만든다.
5. 19번 탭을 날개에 있는 구멍 속에 끼운다.
6. 20~23번 탭을 동체의 주요 부분 안에 붙인다.
7. 24번과 25번 탭, 26번과 27번 탭을 붙여 바퀴를 만들어 앞날개 밑에 붙인다.
8. 날개를 동체의 28번 탭에 붙인다.
9. 프로펠러를 29번 탭에 붙인다. 30번 탭을 접고 붙여 원뿔형 앞부분을 만든다. 31번 탭을 이용하여 프로펠러에 풀로 붙인다.

1943 그루먼 헬캣

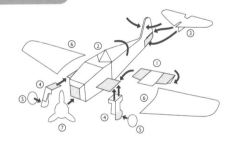

1. 1번 탭을 접고 붙여 날개 지지대를 만든다. 동체의 구멍 속으로 안쪽에서 밀어 넣는다.
2. 2~8번 탭을 맞춰 붙여 동체를 만든다. 9번 탭을 함께 접어 수직안정판을 만든다.
3. 10번 탭을 붙여 꼬리날개를 만든다. 동체 뒷부분에 있는 구멍 속으로 밀어 넣는다. 11번 탭을 수직안정판에 붙인다.
4. 12번과 13번 탭을 접고 함께 붙여 이착륙 장치를 만든다. 날개 지지대의 14번과 15번 탭에 붙인다.
5. 16번과 17번 탭으로 바퀴를 만들어 같은 번호의 자리에 붙인다.
6. 18번과 19번으로 날개를 만들어 날개 지지대에 붙인다.
7. 20번 탭으로 프로펠러를 만들어 같은 번호의 원뿔형 앞부분에 붙인다.

1943 록히드 콘스텔레이션

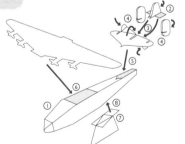

1. 1~8번 탭을 맞추고, 함께 붙여 동체를 만든다.
2. 9번 탭을 접고 함께 붙여 수직안정판을 만든다.
3. 9번 탭을 12번 탭 밑으로 끼운다.
4. 10번과 11번 탭을 접어 함께 붙이고, 밑에 있는 탭들을 사용하여 13번과 14번 탭에 붙인다.
5. 12번 탭을 동체 윗부분에 붙인다.
6. 날개를 동체의 아랫부분 15번 탭에 붙인다.
7. 16번 탭을 붙인다.
8. 동체의 밑바닥인 17번 탭에 붙인다.

1944 메서슈미트 ME262 슈발베

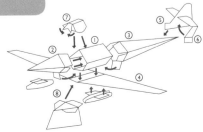

1. 1번 탭을 접고 붙여 동체의 가운데 부분을 만든다.
2. 2~4번 탭을 맞춰 붙여 원뿔형 앞부분을 완성한다.
3. 5~7번 탭을 맞춰 붙여 동체의 뒷부분을 완성한다.
4. 날개를 동체의 아래인 8번 탭에 맞춰 붙인다.
5. 15번 탭을 접고 붙여 수직 꼬리날개를 만들어, 16번과 17번 탭에 붙인다.
6. 18번과 19번 탭을 맞춰 붙여 수평 꼬리날개를 만들어, 꼬리의 구멍 속으로 넣고 20번과 21번 탭을 단단히 고정시킨다.
7. 22~25번 탭을 맞춰 붙여 조종실을 만들어 26번과 27번 탭에 붙인다. 28번 탭을 붙여 스탠드를 만들어 29번 탭에 붙인다.
8. 9번과 10번 탭을 맞춰 붙인 다음, 날개 밑의 11~14번 탭에 붙인다.

세계대전이 끝날 무렵에는 여러 대의 제트 추진, 또는 로켓 추진 항공기를 보유하고 있었다. 하지만 그 항공기들이 공중전에서 차지한 비중은 그리 크지 않았다.

전쟁이 끝난 뒤 제트기는 비행 성능의 한계를 과거엔 상상도 못한 경지까지 끌어올렸다. 제트기는 음속을 돌파했고, 그 다음에는 음속보다 두 배, 다시 세 배 빠른 속도까지 도달했다. 비행기 설계자들은 접이식 날개 또는 삼각익이 초음속 비행에 가장 적합하다는 사실도 깨달았다. 1950년대에 들어와, 제트 기술은 군용 비행기에서 민항의 영역으로 확장되었고, 콩코드가 등장하면서 드디어 일반 승객들도 초음속 비행을 경험할 수 있게 되었다. 프로펠러 비행기처럼, 엔진 출력의 증가는 핵심적인 요소였다. 1955년, 당시로서는 최첨단 기술로 만들어진 보잉 707 여객기는 4개의 터보제트 엔진으로 총 24.5톤의 추진력을 냈고, 1989년에 운항을 시작한 보잉 747-400은 4개의 터보팬 엔진으로 무려 105톤의 추진력을 냈다. 따라

콩코드

110

1947 벨 X-1

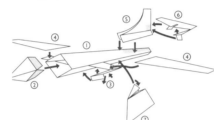

1. 1번 탭을 접고 함께 붙여 동체를 만든다. 2번 탭을 접고 붙여 원뿔형 앞부분을 만든다.
2. 3~10번 탭을 사용하여 원뿔형 앞부분을 동체 속에 끼운다.
3. 11번과 12번 탭을 접고 붙여 날개 받침대를 만든다. 동체의 구멍 속으로 끼운다. 13번과 14번 탭을 동체에 붙인다.
4. 15번과 16번 탭으로 날개를 만들어, 날개 받침대 위에 붙인다.
5. 17번 탭을 접고 붙여 수직 꼬리날개를 만들어 동체의 뒷부분인 18번과 19번 탭에 붙인다.
6. 20번과 21번 탭을 접고 붙여 수평 꼬리날개를 만든다. 22번과 23번 탭을 이용하여 수직 꼬리날개에 붙인다.
7. 24번 탭을 접고 붙여 스탠드를 만든다. 25번과 26번 탭을 이용하여 동체에 붙인다.

1947 휴즈 H-4 허큘리스

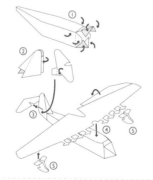

1. 1~8번 탭을 맞추고 함께 붙여 동체를 만든다.
2. 9번과 10번 탭을 함께 붙여 꼬리날개를 만들어, 동체의 11번 탭에 붙인다.
3. 12번 탭을 함께 붙여 꼬리날개를 만든다. 꼬리의 구멍 속에 끼우고 13번 탭에 붙인다.
4. 15번과 16번 탭을 접고 붙여 날개를 만들어 동체의 17번 탭에 붙인다.
5. 18번과 19번 탭을 붙여 착륙 장치를 만들어 날개 밑의 20~23번 탭에 붙인다.

1949 미코얀-구레비치 미그-15

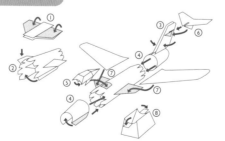

1. 1번 탭을 접고 함께 붙여 날개 지지대 부분을 만든다.
2. 동체의 가운데 부분을 동그랗게 구부려서 만든다. 날개 지지대를 동체 안쪽에서 구멍을 통해 밖으로 밀어내는 방식으로 동체에 끼워 맞춘다.
3. 10번 탭을 함께 붙여 꼬리날개를 만든다.
4. 2번 탭을 맞춰 붙인다. 3~4번 탭을 붙여 동체의 중앙 부분과 앞부분, 꼬리 부분을 연결한다.
5. 5~7번 탭을 붙여 조종실을 만든다. 동체의 8번과 9번 탭에 붙인다.
6. 11번과 12번 탭을 함께 붙여 꼬리날개를 만든다. 수직안정판의 13번과 14번 탭에 붙인다.
7. 날개를 15번과 16번 탭에 각각 붙인다.
8. 17번 탭을 붙여 스탠드를 만든 다음, 비행기를 스탠드 위에 올려 놓는다.

1949 테일러 비행자동차

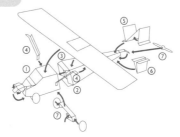

1. 1~8번 탭을 맞춰 붙여 동체의 앞부분을 만든다.
2. 9번 탭을 맞춰 붙인 다음, 10~13번 탭을 사용하여 앞 동체 속으로 끼워 넣는다. 뒷부분 밑에 있는 탭을 붙인다.
3. 14번과 15번 탭을 서로 맞춰 날개를 만들어 동체에 붙인다.
4. 16번과 17번 탭을 접고 붙여 날개 받침대를 만들고 18번~21번 탭에 붙인다.
5. 22번과 23번 탭을 붙여 꼬리날개를 만들고 제자리인 24번 탭에 끼운다.
6. 25번 탭을 접고 붙여 꼬리날개를 만들고 동체 밑의 26번 탭에 붙인다.
7. 27번과 30번 탭을 사용하여 바퀴 지지대를 접고 붙인다. 앞 동체의 밑인 31번과 32번 탭에 붙인다. 33~36번 탭을 사용하여 바퀴를 붙인다. 37번 탭을 사용하여 프로펠러를 붙인다.
8. 38번 탭을 접고 붙여 스탠드를 만들어 동체 밑의 39번 탭에 붙인다.

서 3배나 많은 승객을 실어 나를 수 있을 뿐 아니라, 장거리 비행에 필요한 연료를 훨씬 더 많이 실을 수 있게 되었다. 처음에 고성능 제트 비행기를 조종한 조종사들은 원시적인 제어장치에 의존하여 비행했기 때문에, 추락 사고를 면하려면 상당히 높은 수준의 조종술이 필요했다. 하지만 1970년대부터는 컴퓨터가 비행의 기본적인 기능 중 상당 부분을 떠맡으면서 조종사의 실수 때문에 사고가 나는 일이 줄어들었다. 컴퓨터들은 또 새로운 비행기를 설계하거나 개량하는 데에도 점점 더 많이 이용되었고, 그 결과 풍동(風洞) 실험 장치가 불필요해졌고, 시험 비행사들이 감수해야 했던 위험도 상당 부분 사라지게 되었다.

제트기 시대에 발생하는 항공상의 여러 문제를 첨단 기술과 연관해 해결책을 모색하는 과정에서 세계 각국의 과학자들이 발휘한 독창성과 상상력은 경이로울 정도였다. 예컨대 가변익(비행 중에 주익의 평면 모양을 바꿀 수 있는 구조의 날개-옮긴이)이 개발되면서 항공기들은 초고속 비행이나 저속의 착륙 등, 각 상황에 맞춰 날개의 효율성을 최적화할 수 있게 되었다. 해리어 "수직 이

착륙 제트기"의 탄생으로 수직 이륙과 착륙에 필요한 기술이 현실화되었다. 또 제1차 세계대전 이전부터 항공기 설계사들의 관심을 사로잡았던 "비행하는 날개"의 개념, 즉 사실상 동체가 없는 비행기의 개념은 B-2 폭격기 같은 첨단 항공기의 탄생으로 빛을 보았다.

비행기의 항속거리와 크기의 발전도 최고 속도의 향상처럼 경이로웠다.

111

1952 드 하빌랜드 코멧

1. 1~8번 탭을 맞춰 붙여 동체를 만든다.
2. 9번과 10번 탭을 접고 붙여 꼬리날개를 만든다. 동체의 뒷부분인 11번과 12번 탭에 붙인다.
3. 13번 탭을 접고 붙여 스탠드를 만든다. 스탠드가 밑에 있는 상태에서, 14~16번 탭을 날개 윗부분에 붙인다.
4. 날개를 동체 밑부분인 17번 탭에 붙인다.

1952 보잉 B-52 폭격기

1. 1~9번 탭을 맞춰 붙여 동체를 만든다.
2. 10번 탭을 함께 붙여 수직안정판을 만들어, 동체의 뒷부분인 11번과 12번 탭에 붙인다.
3. 13번 탭을 함께 붙여 꼬리날개를 만들어, 동체 뒷부분에 있는 구멍 속에 끼운다. 옆면은 14번 탭에 맞춰 붙인다.
4. 15~22번 탭을 붙여 엔진을 만든다.
5. 엔진을 날개 밑인 23~30번 탭에 맞춰 붙이되, 날개의 앞쪽 가장자리와 일직선이 되도록 줄을 맞춘다.
6. 날개를 동체 윗부분인 31번 탭에 붙인다.
7. 32번 탭을 함께 붙여 스탠드를 만든다. 동체 밑부분인 33~35번 탭에 맞춰 붙인다.

1955 록히드 U-2

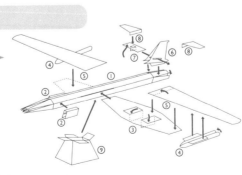

1. 1~11번 탭을 맞추고 함께 붙여 동체를 만든다.
2. 12번과 13번 탭, 14번과 15번 탭을 접고 함께 붙인 다음, 각각 동체 앞부분의 옆면에 붙인다.
3. 날개 지지대를 접어 동체 속으로 끼워 넣은 다음, 16번과 17번 탭을 붙인다.
4. 18~20번 탭과 21~23번 탭을 접어 각각 날개 지지대 밑에 붙인다.
5. 날개를 날개 지지대의 윗부분인 24번, 25번 탭에 붙인다.
6. 26번 탭을 접고 붙여 수직 꼬리날개를 만들고 27번과 28번 탭을 맞춰 동체에 붙인다.
7. 29번 탭으로 수평 꼬리날개를 만든 다음, 구멍 속으로 통과시켜 붙인다.
8. 30번과 31번 탭을 접어 붙이고, 32번과 33번 탭을 사용하여 후방 꼬리의 부품을 만든다.
9. 34번 탭을 접고 붙여 스탠드를 만들어 35번 탭에 붙인다.

1956 애브로 벌컨 폭격기

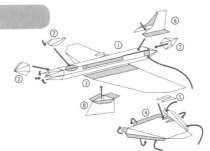

1. 1번 탭을 맞춰 붙여 동체를 만든다.
2. 2번과 3번 탭을 맞춰 붙여 원뿔형 앞부분과 꼬리부분을 만든 다음, 동체의 4번과 5번 탭에 각각 붙인다.
3. 동체를 6번 탭을 이용하여 날개의 아랫부분에 붙인다.
4. 7~12번 탭을 접어 왼쪽 날개를 만들고 아랫날개와 동체에 붙인다. 13~18번 탭으로는 오른쪽 날개를 만들고 같은 동작을 반복한다.
5. 19~22번 탭으로 엔진을 만들어 날개에 붙인다.
6. 23번 탭을 접고 붙여 꼬리날개를 만들어 동체의 24번과 25번 탭에 붙인다.
7. 26번 탭을 접고 붙여 조종실을 만들어 동체의 27번과 28번 탭에 붙인다.
8. 상응하는 29번 탭을 접고 붙여 동체의 아랫부분인 30번 탭에 풀로 붙인다.

21세기까지만 해도, 비행기 성능의 한계는 공학의 수준이 아니라 인적 요소에 의해 규정되었다. 전투기는 이론적으로는 얼마든지 초고속 기동을 할 수 있었지만, 그러면 조종사에게 목숨을 위협하는 스트레스를 가할 수 있었다. 훨씬 빠른 여객기의 개발도 충분히 가능했으나, 과도한 소음과 기타 환경적인 피해 때문에 국제 사회의 반대에 부딪쳐 번번이 무산되었다.

어떤 면에서는 21세기에 들어와 항공기의 진화는 벽에 부딪쳤다고 볼 수 있다. 비행기의 역사에서 처음 50년 동안, 비행기는 라이트 형제가 만든 원시적인 플라이어에서 제트 엔진으로 날아가는 B-52 폭격기에 이르기까지, 맹렬한 속도로 진화를 거듭했다. 그로부터 50년이 더 지난 현재에도 B-52 폭격기는 현역으로 활약하고 있다. 다른 각도에서 보면, 1930년대 중반부터 사용되기 시작한 더글러스 DC-3 여객기는 1960년대에 이르자 골동품이 되었지만, 보잉 747은 1969년 처음 상용

된 이후 40년 동안이나 세계의 하늘을 지배했다. 항공 분야에서 이루어진 첨단 기술을 응용한 실험은 대체로 속도나 항속거리의 증가보다는 연료 소비량의 감소 같은 환경적인 목표를 달성하는 데 초점이 맞춰져 있다. 예컨대 1999년에 처음 시험 제작된 놀라운 비행기인, 헬리오스 무인 전익기(Helios flying-wing)의 시제품은 태양열 전지로 동력을

1959 노스 아메리칸 X-15

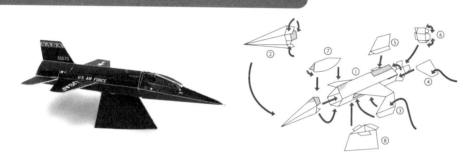

1. 1~3번 탭을 맞춰 함께 붙여 동체를 만든다.
2. 4~7번 탭을 접어 원뿔형 앞부분을 만든다.
3. 8번과 9번 탭을 접고 붙여 날개를 만들어 동체의 구멍 속으로 집어넣고, 10번과 11번 탭을 붙인다.
4. 12번과 13번 탭을 접고 붙여 수평 꼬리날개를 만들어 동체 뒷부분의 구멍 속에 넣고 14번과 15번 탭에 풀로 붙인다.
5. 16번 탭을 접고 붙여 수직 꼬리날개를 만든다. 17번과 18번 탭에 붙인다.
6. 19번~22번 탭을 접고 붙여 엔진을 만든다. 23번 탭에 붙인다.
7. 24번과 25번 탭을 접고 붙여 조종실을 만든다. 26번과 27번 탭에 붙인다.
8. 28번 탭을 접고 붙여 스탠드를 만들어 29번 탭에 풀로 붙인다.

1963 리어제트기

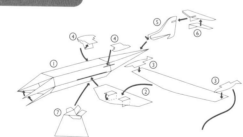

1. 1~11번 탭을 맞춰 붙여 동체를 만든다.
2. 날개 지지대를 동체에 나 있는 긴 구멍 속으로 집어넣고, 12번과 13번 탭에 붙인다. 날개를 관통시키고 14번과 15번 탭을 붙인다.
3. 16번과 17번 탭을 붙여 날개 끝을 만든다.
4. 18번과 19번 탭을 맞춰 붙여 엔진을 만들어. 동체 뒷부분에 난 구멍 속에 넣고 20번과 21번 탭에 붙인다.
5. 22번 탭을 접고 붙여 수직 꼬리날개를 만든다. 동체의 23번과 24번 탭에 붙인다. 수평 꼬리날개를 후미에 있는 구멍 속에 밀어 넣는다.
6. 25번과 26번 탭을 붙여 아래쪽 꼬리날개 지지대를 만들고, 수직 꼬리날개의 27번과 28번 탭에 단단히 고정시킨다.
7. 29번 탭을 접고 붙여 스탠드를 만든다. 30~33번 탭을 이용하여 동체에 붙인다.

1966 록히드 SR-71 블랙버드

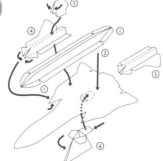

1. 1번과 2번 탭을 맞춰 붙여 동체의 앞뒤 부분을 만든다.
2. 3~8번 탭을 항공기의 주요 몸통에 붙인다.
3. 9번과 10번 탭을 붙여 수직안정판을 만든다.
4. 11번 탭을 접고 붙여 오른쪽 날개를 만든다. 수직안정판을 12번 구멍을 통해 끼운다. 13~16번 탭을 주요 몸통에 붙인다.
5. 17번 탭을 접고 붙여 왼쪽 날개를 만든다. 수직안정판을 18번 구멍을 통해 끼운다. 19~22번 탭을 주요 몸통에 붙인다.
6. 23번 탭을 붙여 스탠드를 만든다. 24번 탭을 동체의 구멍 속으로 집어넣는다. 25번과 26번 탭을 동체에 붙인다.

1969 해리어 수직 이착륙 제트기

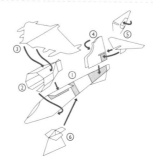

1. 1~7번 탭을 붙이고 맞춰 동체를 만든다.
2. 8~11번 탭을 함께 붙여 엔진을 만들어 동체의 12~16번 탭에 붙인다.
3. 17번과 18번 탭을 붙여 엔진의 상단 부분을 만든다.
4. 19번 탭을 붙여 수직안정판을 만들어 동체의 20번과 21번 탭에 붙인다.
5. 22번 탭을 접고 붙여 꼬리날개를 만들어 수직안정판의 구멍 속에 집어넣고 23번 탭을 서로 붙인다.
6. 24번 탭을 붙여 스탠드를 만들어 동체 밑의 25번 탭에 붙인다.

공급받는 비행기도 상용화될 수 있다는 사실을 증명했다.

비행기는 현대 세계에서 언제나 우리에게 기술적 불가사의이다. 비행기의 미래를 자신 있게 예측하기는 어렵지만, 앞으로도 우리를 놀라게 할 비행기들은 틀림없이 계속 나올 것이다.

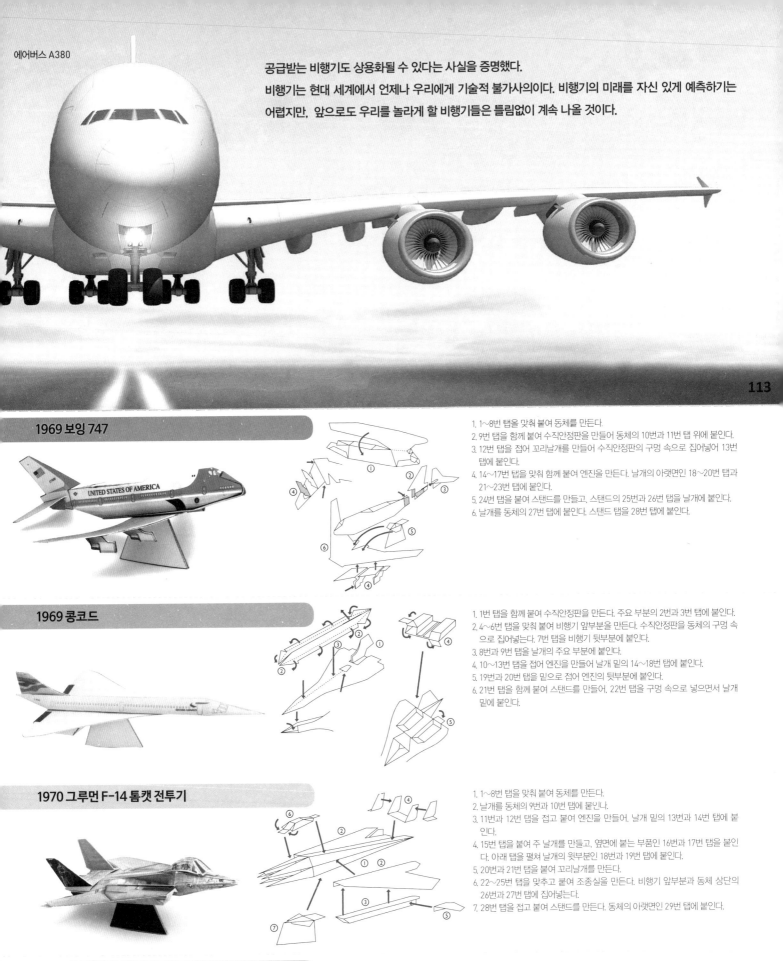

1969 보잉 747

1. 1~8번 탭을 맞춰 붙여 동체를 만든다.
2. 9번 탭을 함께 붙여 수직안정판을 만들어 동체의 10번과 11번 탭 위에 붙인다.
3. 12번 탭을 접어 꼬리날개를 만들어 수직안정판의 구멍 속으로 집어넣어 13번 탭에 붙인다.
4. 14~17번 탭을 맞춰 함께 붙여 엔진을 만든다. 날개의 아랫면인 18~20번 탭과 21~23번 탭에 붙인다.
5. 24번 탭을 붙여 스탠드를 만들고, 스탠드의 25번과 26번 탭을 날개에 붙인다.
6. 날개를 동체의 27번 탭에 붙인다. 스탠드 탭을 28번 탭에 붙인다.

1969 콩코드

1. 1번 탭을 함께 붙여 수직안정판을 만든다. 주요 부분의 2번과 3번 탭에 붙인다.
2. 4~6번 탭을 맞춰 붙여 비행기 앞부분을 만든다. 수직안정판을 동체의 구멍 속으로 집어넣는다. 7번 탭을 비행기 뒷부분에 붙인다.
3. 8번과 9번 탭을 날개의 주요 부분에 붙인다.
4. 10~13번 탭을 접어 엔진을 만들어 날개 밑의 14~18번 탭에 붙인다.
5. 19번과 20번 탭을 밑으로 접어 엔진의 뒷부분에 붙인다.
6. 21번 탭을 함께 붙여 스탠드를 만들어, 22번 탭을 구멍 속으로 넣으면서 날개 밑에 붙인다.

1970 그루먼 F-14 톰캣 전투기

1. 1~8번 탭을 맞춰 붙여 동체를 만든다.
2. 날개를 동체의 9번과 10번 탭에 붙인나.
3. 11번과 12번 탭을 접고 붙여 엔진을 만들어, 날개 밑의 13번과 14번 탭에 붙인다.
4. 15번 탭을 붙여 주 날개를 만들고, 옆면에 붙는 부품인 16번과 17번 탭을 붙인다. 아래 탭을 펼쳐 날개의 윗부분인 18번과 19번 탭에 붙인다.
5. 20번과 21번 탭을 붙여 꼬리날개를 만든다.
6. 22~25번 탭을 맞추고 붙여 조종실을 만든다. 비행기 앞부분과 동체 상단의 26번과 27번 탭에 집어넣는다.
7. 28번 탭을 접고 붙여 스탠드를 만든다. 동체의 아랫면인 29번 탭에 붙인다.

1983 록히드 F-117 나이트호크

1. 1~7번 탭을 맞춰 붙여 동체와 날개를 만든다.
2. 8~13번 탭을 맞춰 붙여 첫 번째 측면을 만든다. 14번~19번 탭으로 같은 동작을 반복하여 두 번째 측면을 만든다.
3. 20번과 21번 탭을 맞춰 붙여 꼬리용 부품을 만든다. 22번과 23번 탭을 이용하여 동체에 붙인다.
4. 24번 탭을 접어 붙여 스탠드를 만들어 25번 탭을 이용하여 동체에 붙인다.

모델 색인

123

307 스트라톨라이너 (보잉) 45-46, 108
380 (에어버스) 97-98, 113, 115
707 (보잉) 67, 110
747 (보잉) 1, 83-84, 97, 98, 112, 113
787 드림라이너 (보잉) 101-102, 115

ABC

B-17 (보잉) 41-42, 107
B-2 스피릿 (노스롭 그루먼) 95-96, 111, 114
B-29 60
B-52 스트래토포트리스 (보잉) 69-70, 111, 112
BF 109 (메서슈미트) 1, 39-40, 107
DC-3 (다코타) (더글러스) 1, 37-38, 107, 112
DR 1 (포커) 1, 13-14, 104
E28 (글로스터) 47-48, 108
F-117 나이트호크 (록히드) 2, 89-90, 113
F-14 톰캣 (그루먼) 87-88, 113
F-35 (록히드 마틴) 1, 99-100, 115
F-86 사브레 63
H-1 경주용 비행기 (휴즈) 35-36, 107
H-4 허큘리스 (휴즈) 61-62, 110
HE 178 (하인켈) 47, 109
MC 72 (마키) 27-28, 106
ME262 슈발베 (메서슈미트) 57-58, 109
P-51 무스탕 (노스 아메리칸) 1, 51-52, 109
S-40 쾌속 비행정 (시코르스키) 29-30, 106
SR-71 블랙버드 (록히드) 2, 79-80, 112
U-2 (록히드) 71-72, 79, 111
X-15 (노스 아메리칸) 75-76, 112

ㄱ

경주용 비행기 (휴즈) 35-36, 107
글래디에이터 (글로스터) 104

ㄴ

나이트호크 (록히드) 89-90, 113

ㄷ

드림라이너 (보잉) 1, 101-102, 115

ㄹ

랭커스터 (애브로) 44, 49-50, 108
리어제트기 77-78, 112

ㅁ

모노코크 (드펠듀상) 2, 7-8, 103
무스탕 (노스 아메리칸) 1, 51-52, 109
미그-15 (미코얀-구레비치) 63-64, 110

ㅂ

벌컨 폭격기 (애브로) 73-74, 111
베가 (록히드) 23-24, 105
벨 X-1 1, 59-60, 110
벨루가 (에어버스) 2, 93-94, 114
보이저 (루탄) 91-92, 114
블랙버드 (록히드) 2, 79-80, 112
블레리오 XI (블레리오) 1, 5-6, 103
비미 폭격기 (빅커스) 15-16, 104
비행자동차 (테일러) 2, 65-66, 110

ㅅ

세인트 루이스의 정신 (라이언) 1, 21-22, 105
수직 이착륙 제트기 (해리어) 81-82, 111, 112
슈발베 (메서슈미츠) 57-58, 109
슈퍼 스포트스터 (지비) (그랜

빌) 2, 31-32, 106
스나이프 (소프위드) 105
스트라톨라이너 (보잉) 45-46, 108
스트라토포트리스 (보잉) 69-70, 111, 112
스피릿 (노스롭 그루먼) 95-96, 111, 114
스핏파이어 (슈퍼마린) 1, 43-44, 52, 108

ㅇ

일렉트라 (록히드) 33-34, 106
일리야 무로메츠 (시코르스키) 9-10, 103

ㅈ

제니 (커티스) 17-18, 104
집시모스 (드 하빌랜드) 25-26, 105

ㅋ

카멜 (소프위드) 1, 11-12, 104

코멧 (드 하빌랜드) 67-68, 111
콘스텔레이션 (록히드) 55-56, 109
콩코드 (브리티시 에어로스페이스/아에로스파시알) 85-86, 110, 113
쾌속 비행정 (시코르스키) 29-30, 106

ㅌ

톰캣 (그루먼) 87-88, 113
틴구스 (포드) 19-20, 105

ㅍ

펍 (소프위드) 106
플라이어 (라이트 형제) 1, 3-4, 103, 112

ㅎ

허리케인 전투기 44
허큘리스 (스프루스 구스) (휴즈) 61-62, 110
헬리오스 무인 전익기 112
헬캣 (그루먼) 53-54, 109

114

1986 루탄 보이저

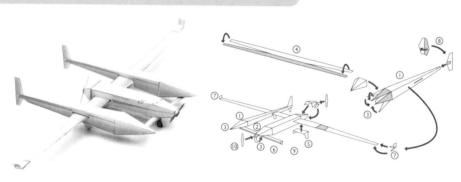

1. 1~5번, 6~10번 탭을 맞춰 붙여 외부 동체들을 만든다.
2. 11~14번 탭을 맞춰 붙여 중앙 동체를 만든다.
3. 17~26번 탭을 맞춰 붙여 비행기 앞부분을 세 개의 동체에 모두 붙인다.
4. 27번 탭을 접어 붙여 날개를 만든다. 세 동체를 날개 위에 살며시 얹어놓는다.
5. 28~31번 탭을 붙여 바퀴 부품을 만들어 두 외부 동체에 단단히 고정시킨다.
6. 32번 탭을 접어 붙여 앞가로대(크로스바)를 만든다. 세 동체의 앞부분 밑인 33~35번 탭에 맞춰 붙인다.
7. 36번과 37번, 38번과 39번 탭을 맞추어 두 날개의 끝에 각각 붙인다.
8. 40번과 41번 탭을 접고 붙여 꼬리 부품들을 만들어 두 개의 외부 동체의 뒷부분인 42번과 43번, 44번과 45번 탭에 붙인다.
9. 앞바퀴를 접어 중앙 동체의 46번과 47번 탭에 붙인다.
10. 프로펠러를 중앙 동체의 48번과 49번 탭에 붙인다.

1995 에어버스 벨루가

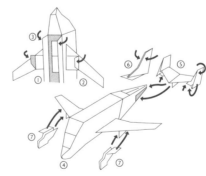

1. 1번 탭을 함께 접어 날개를 만든다.
2. 동체를 구부려 모양을 만들고, 날개를 구멍 속에 집어넣는다.
3. 2~9번 탭을 맞춰 붙여 날개가 안에 삽입된 상태의 동체를 만든다. 접고 붙인다.
4. 앞부분을 구부려 모양을 만들고, 10~12번 탭을 안에 붙인다.
5. 13~19번 탭을 함께 붙여 꼬리 날개를 만든다. 동체 뒷부분의 구멍 속에 집어넣는다. 20번 탭을 맞춰 붙인다.
6. 21번 탭을 접고 붙여 수직안정판을 만든다. 동체의 22번과 23번 탭에 붙인다.
7. 24~29번 탭을 붙여 엔진을 만들어 날개 밑에 붙인다.
8. 30번 탭을 붙여 스탠드를 만들어 동체 밑의 31번~33번 탭에 붙인다.

1997 노스롭 그루먼 사의 B-2 스피릿

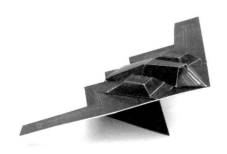
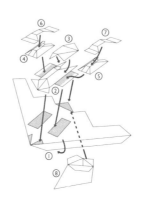

1. 1번과 2번 탭을 함께 붙여 주날개를 만든다.
2. 3번 탭을 붙여 조종실 앞부분을 만든다. 나머지 4~7번 탭을 주 날개에 붙인다.
3. 조종실의 뒷부분을 제자리인 8~11번 탭에 붙인다.
4. 12번과 13번 탭으로 제1 엔진을 만들어 조종실과 날개에 붙인다.
5. 14번과 15번 탭으로 제2 엔진을 만들어 조종실과 날개에 붙인다.
6. 16번 탭을 붙여 엔진의 윗부분을 만들고, 17번과 18번 탭을 날개에 붙인다.
7. 19번 탭을 붙여 제2 엔진의 윗부분을 만들고, 20번과 21번 탭을 날개에 붙인다.
8. 22번 탭을 붙여 스탠드를 만들어, 날개 밑의 23번 탭에 붙인다.

ㄱ

그랜빌
　슈퍼 스포츠스터 2, 31-32, 106
그루먼
　F-14 톰캣 87-88, 113
　헬캣 53-54, 109
글래디에이터 104
글로스터
　E28/39 47-48, 108

ㄴ

노스롭 그루먼
　B-2 스피릿 95-96, 111, 114
노스 아메리칸
　P-51 무스탕 1, 51-52, 109
　X-15 75-76, 112

ㄷ

더글러스
　DC-3 1, 37-38, 107, 112
드 하빌랜드
　짐시모스 25-26, 105
　코멧 67-68, 111

드펠듀상
　모노코크 2, 7-8, 103

ㄹ

라이언
　세인트 루이스의 정신 1, 21-22, 105
라이트 형제(윌버 라이트, 오빌 라이트)
　플라이어 1, 3-4, 103, 112
록히드 마틴
　F-35 1, 99-100, 115
록히드
　U-2 71-72, 79, 111
　나이트호크 2, 89-90, 113
　SR-71
　베가 23-24, 105
　블랙버드 2, 79-80, 112
　일렉트라 33-34, 106
　F-117
　콘스텔레이션 55-56, 109
루이 블레리오
　블레리오 XI 1, 5-6, 103
루탄
　보이저 91-92, 114

리어제트기 77-78, 112

ㅁ

마키
　MC 72 27-28, 106
메서슈미트
　BF 109 1, 39-40, 107
　ME262 슈발베 57-58, 109
미코얀-구레비치
　미그-15 63-64, 110

ㅂ

벨
　X-1 1, 59-60, 110
보잉
　307 스트라톨라이너 45-46, 108
　707 67, 110
　747 1, 83-84, 97, 98, 112, 113
　787 드림라이너 1, 101-102, 115
　B-17 41-42, 107
　B-52 폭격기(스트래토포트리스) 69-70, 111, 112

브리티시 에어로스페이스 (BAC)
　콩코드 85-86, 110, 113
빅커스
　비미 폭격기 15-16, 104

ㅅ

소프위드
　스나이프 105
　카멜 1, 11-12, 104
　펍 106
슈퍼마린
　스핏파이어 1, 43-44, 108
시코르스키
　S-40 쾌속 비행정 29-30, 106
　일리야 무로메츠 9-10, 103

ㅇ

아에로스파시알(쉬드-아비아시옹)
　콩코드 85-86, 110, 111, 113
애브로
　랭커스터 44, 49-50, 108

벌컨 폭격기 73-74, 111
에어버스
　A380 97-98, 113, 115
　벨루가 2, 93-94, 114

ㅋ

커티스
　제니 17-18, 104

ㅌ

테일러
　비행자동차 2, 65-66, 110

ㅍ

포드
　틴구스 19-20, 105
포커
　DR 1 1, 13-14, 104

ㅎ

하인켈
　HE 178 47, 109
해리어
　수직 이착륙 제트기 81-82, 111, 112

휴즈
　H-1 경주용 비행기 35-36, 107
　H-4 허큘리스 61-62, 110

115

2005 에어버스 380

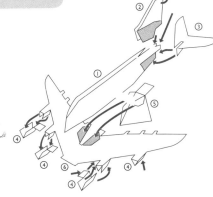

1. 1~7번 탭을 맞춰 붙여 동체를 만든다.
2. 8번 탭을 붙여 수직안정판을 만들고, 동체의 9번과 10번 탭에 붙인다.
3. 꼬리날개를 동체의 뒷부분에 있는 구멍 속에 집어넣는다. 11번 탭을 접어 붙이고, 12번 탭에 붙인다.
4. 13~15번, 16~18번, 19~21번, 22~24번 탭으로 엔진을 만들어 제자리에 붙인다.
5. 25번 탭을 접고 붙여 스탠드를 만들어, 날개의 26번과 27번 탭에 붙인다.
6. 날개를 동체의 28번 탭에 붙인다. 29번 탭을 동체에 붙인다.

2006 록히드 마틴 F-35

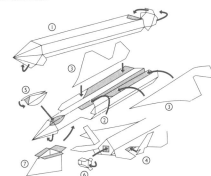

1. 1~8번 탭을 맞춰 붙여 동체를 만든다.
2. 9번 탭을 접고 붙여 동체 아랫부분을 만든다. 10번과 11번 탭을 맞춰 붙인다.
3. 12번과 13번 탭으로 날개를 만들어 붙인다.
4. 14번과 15번 탭을 맞춰 붙여 꼬리 부품을 만든다. 탭을 위쪽으로 접는다.
5. 16번 탭을 맞춰 붙여 조종실을 만든다. 동체의 윗부분인 17번과 18번 탭에 붙인다.
6. 19~22번 탭을 접고 붙여 엔진을 만든다. 동체 뒷부분인 23번 탭에 붙인다.
7. 24번 탭을 접고 붙여 스탠드를 만들어 동체 아랫부분인 25번 탭에 붙인다.

2009 보잉 787 드림라이너

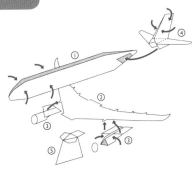

1. 1~8번 탭을 맞춰 붙여 동체를 만든다.
2. 날개를 동체의 제자리인 9번 탭에 붙인다.
3. 10번과 11번, 15번과 16번 탭을 접고 붙여 엔진을 만든다. 날개 밑인 13번과 14번, 18번과 19번에 각각 붙인다. 엔진의 앞부분을 12번과 17번 탭에 붙인다.
4. 20~22번 탭을 이용하여 꼬리를 접고, 맞추고 붙인다. 동체의 뒷부분인 23번과 24번 탭에 붙인다.
5. 25번 탭을 접고 붙여 스탠드를 만들어, 동체의 26번 탭에 붙인다.

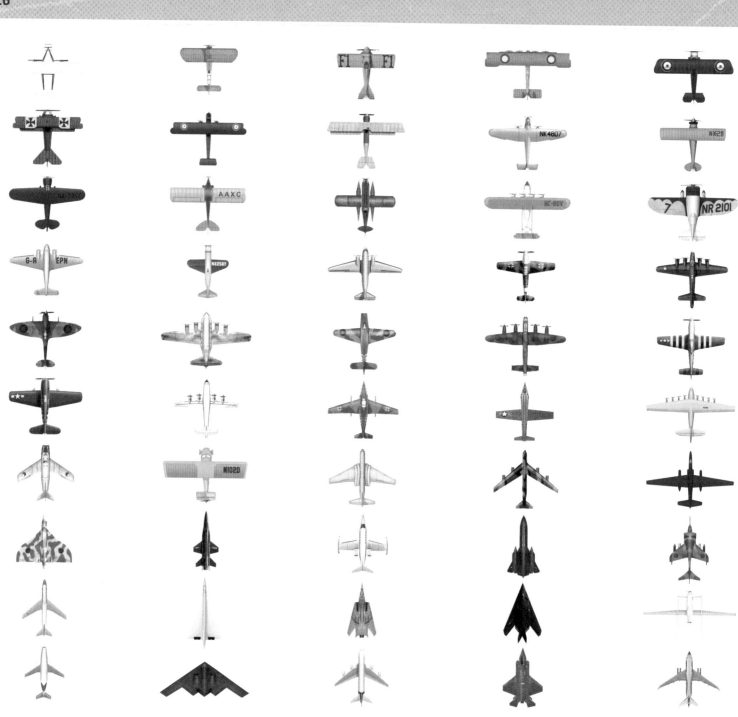